KB139205

시드볼트
지구의 재앙을 대비하는 공간과 사람들

시드볼트운영센터

시드볼트 운영을 담당하는 부서

종자를 기탁받는 것부터, 종자의 검증, 입고, 관리, 국내 및 국외 네트워크 형성, 홍보 등 시드볼트와 관련한 모든 일은 시드볼트운영센터를 통해 진행한다.

도서 『시드볼트』에는 시드볼트운영센터의 전현직 멤버들 거의 대부분이 참여했다. 이들을 통해 시드볼트를 만든 이유와 작동 방식, 하는 일, 앞으로의 계획은 물론 기후 변화와 환경 그리고 식물 에 대한 폭넓은 내용까지 담아냈다.

생물자원조사팀

백두대간 권역을 비롯해 대한민국 전 국토를 무대로 식물 분포를 조사하고, 권역별로 흩어져 있는 야생식물 종자를 수집하는 일을 한다. 이렇게 수집한 종자들은 백두대간수목원의 시드뱅크로 보내 다양한 연구를 하기도 하고, 시드볼트에 저장하기도 한다. 이 책에는 한준수와 김현정이 참여해 생 물자원조사팀의 생생한 이야기를 들려주었다.

야생식물종자연구실

생물자원조사팀에서 수집한 종자를 검사하고, 실험하는 부서

대한민국 야생식물과 관련한 거의 모든 부분에 대한 연구가 이곳에서 이루어진다. 이런 연구를 통 해 우리나라 종자 주권 확보라는 목표를 향해 나아갈 뿐만 아니라 종자를 영구히 보존해야만 하는 시드볼트 대한 신뢰성을 높인다. 도서 『시드볼트』에는 발아유효온도를 연구하는 정영호와 연구실 의 모든 운영을 총괄하는 나채선이 참여해 야생식물연구에 대한 다양한 내용을 담았다.

취재 및 엮음

박정우

글을 쓰고, 책을 만들고, 사람들을 인터뷰한다. 시드볼트에 대해 알게 된 순간부터 언젠가는 꼭 책으 로 만들고 싶다고 생각했다. 몇 년의 시간이 흘러 정말로 시드볼트를 취재하고, 사람들을 만나 정리 한 것을 엮게 되었으니 이 정도면 성덕이라 할 수 있겠다.

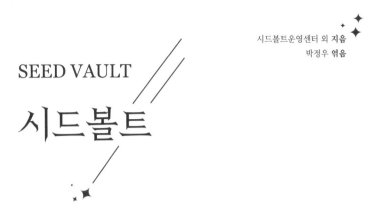

시드볼트운영센터 외 **지음**

박정우 **엮음**

SEED VAULT

시드볼트

지구의 재앙을 대비하는 공간과 사람들

시월

목차

이 책을 함께 만든 사람들

시드볼트운영센터

이상용 센터장(전)

원예 과학을 전공한 뒤 대학원에서 채소와 허브 식물을 연구했습니다. 대학원 재학 시절 우연히 국립수목원 연구관의 특강을 들은 것이 계기가 되어, 2014년 국립백두대간수목원 조성사업단의 박사 후 연구원으로 들어오면서 시드볼트와 인연을 맺었습니다.

시드볼트가 현대판 노아의 방주라면, 시드볼트 센터장은 현대판 노아이자 동시에 시드볼트라는 방주의 선장이라고 할 수 있습니다. 다만 성경에 나오는 노아의 방주와 현대판 노아의 방주는 큰 차이가 있습니다. 성경 속 노아가 개체 보존이라는 거대한 명분을 혼자의 책임 아래 지켰다면, 시드볼트에는 같은 명분을 이루기 위해 많은 사람들이 존재한다는 것입니다. 군집을 이루면 이해관계가 뒤

따르게 됩니다. 같은 기관 안에는 운영센터의 직원들이 있고, 연관 기관으로는 산림청과 국립백두대간수목원, 그리고 그 상급기관인 한국수목원정원관리원이 있습니다. 이 관계와 관계 사이를 조율하는 것부터, 시드볼트의 시스템을 구축하고, 정비하고, 큰 흐름과 방향을 설정하고 세팅하는 모든 것이 그의 역할이었습니다.

배기화 센터장(현)

2022년 3월, 이상용 전 센터장의 뒤를 이어 시드볼트의 새로운 센터장으로 발령받았습니다. 배기화는 2012년 복주머니란속 보존 기술 개발을 주제로 농학박사 학위를 받은 뒤 국립낙동강생물자원관에서 선임연구원으로 일하며 멸종위기종을 보존하는 업무를 했습니다. 이후 2018년 국립백두대간수목원 종자보전연구실 실장으로 근무하며 종자연구의 체계를 구축하였습니다.

이상용 체제에서의 시드볼트가 나름의 시스템을 구축하고, 안정적으로 자리를 잡는데 주력했다면, 이제 시드볼트는 한 단계 더 도약하고 국제적으로 뻗어 나가야 할 때입니다. 보존이라는 큰 틀에서 이론과 현장을 두루 경험하며 능력을 증명했던 배기화는 이제 시드볼트의 외연 확장은 물론 국제적인 위상을 높여야 한다는 엄중한 임무를 맡게 되었습니다.

어렸을 적부터 자연현상에 대한 다큐멘터리와 내셔널지오그래픽을 즐겨 보았고, 지구를 위해 무언가를 하고 싶다고 생각했던 그는 어쩌면 어린 시절의 꿈을 이루고 있는 중인지도 모르겠습니다.

이하얀 팀장

대학에서 화학을, 대학원에서는 생화학을 공부했고, 원예학 전공으로 농학박사 학위를 받았습니다. 갑자기 원예학을 전공하게 된 것은 역시 시드볼트에 저장되는 종자에 대해 더 이해하고 싶었기 때문입니다. 스스로를 '종자 하는 사람'이라고 하는데 이 소개만큼 이하얀을 잘 규정하는 표현도 없을 듯 합니다.

시드볼트에 종자를 저장하는 것을 총괄하고, 국내·외 다양한 기관에 시드볼트를 소개하며, 협약을 맺고 기탁 할 수 있도록 하는 일을 하고 있습니다. 저장되는 종자에 대해 탐구하고, 보존 방안을 강구하는 종자보존생리학자이자, 일반인을 대상으로 식물과 종자의 중요성에 대해 강연하고 시드볼트와 관련한 인터뷰를 도맡아 하는 시드볼트의 유일무이한 사람입니다.

김진기 대리 - 종자 저장 업무

2001년부터 2016년까지 한국생명공학연구원에서 근무하면서 '야생화 및 멸종위기식물 종자은행 구축사업'과 '해외생물 소재확보 및 활용사업'에 참여했습니다. 이 무렵 국립백두대간수목원에 시드볼트가 생기자 마치 운명처럼 참여해야겠다는 생각이 들어 지원했으나 세 번이나 고배를 마셨습니다. 하지만 포기하지 않고 도전하여 마침내 네 번째에 시드볼트운영센터의 일원이 되었습니다.

김진기는 시드볼트에 들어가는 종자를 확인하고, 변경 사항을 기록하고, 데이터로 만들고, 보관 위치를 정하고, 저장하는 일을 합니다. 종자의 도입부터 저장까지, 필요한 거의 모든 작업이 김진기를 통해서 이루어지는 셈이죠.

시드볼트가 보관할 수 있는 종자는 총 200만 점, 현재 시드볼트에 입고된 종자는 137,880점(2021년 12월 31일 기준). 김진기는 자신이 퇴직하기 전까지 시드볼트가 종자로 가득 차는 것을 보는 것이 꿈이라고 말합니다.

이안도성 대리 – 국외 네트워크 담당

대학에서 생명과학을 전공하고, 시스템생물학으로 석사 학위를 취득했습니다. 시드볼트운영센터에서는 국외 네트워크와 국내 법률을 담당했습니다.

해외 여러 나라와 기관에 종자 기탁과 관련하여 제안하고, 업무협약을 추진하고, 국제회의에 참여하고, 국외 종자가 차질 없이 국내로 운송될 수 있도록 각 나라의 검역에 관한 사항과 관련 국제협약을 검토하는 업무가 이안도성이 맡았던 일입니다.

현재 시드볼트는, 종자를 보유한 기관이 일정 분량을 시드볼트에 기탁하게끔 수목원정원법 개정을 추진하고 있는데, 그 시작점에도 역시 이안도성이 있습니다.

강선아 주임 – 종자 저장 업무 지원

강선아는 시드볼트 저장고 점검과 물품 관리 그리고 국내·외네트워크 등 다양한 업무를 지원하고 있습니다. 환경 제어시스템

Environmental control system에 대해 매일 점검에 참여하여 시드볼트가 안전한 저장 시설로 유지하고, 종자 저장에 필요한 모든 물품을 구매하고, 부족한 물품이 없도록 관리합니다. 그외에 시드볼트에서 제작하는 다양한 기념품들도 강선아의 손을 거쳐 나갑니다. 강선아가 제작에 참여한 리플릿과 홍보물품은 세계산림총회, 세계식물원총회와 같은 큰 행사를 통해 시드볼트를 널리 알리는데 사용합니다. 다양한 일을 하면서도 역시 종자를 저장하는 일도 소홀히 할 수는 없습니다. 시드볼트 저장 방식인 블랙박스 사용 매뉴얼을 만들 때에는 영상에 출연하기도 합니다. 강선아는 시드볼트의 어느 곳에나 있습니다. 시드볼트가 늘 그 자리에 있는 것처럼 말이죠.

채인환 주임 – 홍보·기획 및 운영(전)

원예학을 전공했고, 처음 시드볼트에 입사했을 땐 전공에 맞춰 종자를 연구하는 일을 했습니다만, 시드볼트의 조직 개편이 이뤄지면서 '홍보'라는 업무가 떨어지게 되었습니다.

평소에 이런저런 아이디어를 많이 냈기 때문이었을까요? 정확한 이유는 알 수 없지만 채인환이 시드볼트의 홍보를 맡게 되면서 시드볼트는 비약적으로 인지도를 높였습니다. 여러 신문, 방송 등 주류 매체 관계자는 물론, 유튜브나 소셜 미디어 같은 새로운 전파력을 지닌 인플루언서부터 일반 대중, 기관까지 모두 그가 목표로 삼고 있는 대상입니다. 이 책을 읽고 있는 여러분이 어떤 경로를 통해서든 시드볼트를 알게 되었다면 그것은 높은 확률로 채인환의

'작품'이었을 것입니다.

농부의 아들로 태어난 송치현은 어릴 적부터 아버지를 따라 놀이터 대신 사과공판장을 드나들었습니다. 공판장에서 애써 수확한 사과가 동해로 피해를 입자 울며 돌아가는 농민들을 보며 작물연구에 관심을 갖게 되었습니다. 그 관심은 대학에서 해충, 병충해 등으로 인해 피해 입은 수목을 치료하는 식물 의학을 공부하는 데까지 이어졌고, 전공을 살려 식물을 치료하는 의사가 되고 싶었습니다.

2017년 첫 직장인 국립백두대간수목원에 들어와서는 식물양묘실의 식물증식팀에서 조직배양 연구를 담당했습니다. 그러다 2022년 3월, 시드볼트 홍보 마케팅이라는 업무가 떨어지게 되었습니다. 연구를 하려고 들어왔다가 비즈니스 업무를 맡게 된 송치현은 이런저런 고민 끝에 이 현실을 받아들이기로 합니다. 그에게 이 일은 여전히 어렵지만 묵묵히 해냅니다. 그리고 곧 알게 되었습니다. 자신에겐 다른 사람이 갖지 못한 창의성과 도전정신이 있다는 사실을 말이지요. 지금은 연구와는 다른 즐거움과 보람을 느끼며 새로운 도전을 즐기고 있습니다.

산림생물자원보전실 생물자원조사팀

한준수 대리

생물학을 전공하고, 식물분류학으로 석사와 박사 학위를 받았습니다. 식물분류학이란, 식물을 구분하고 식물 계통 분류를 통해 한 식물이 어떻게 진화해 왔는가를 연구하는 일을 말합니다.

현재는 백두대간 다섯 개 권역을 다니면서 종자를 수집하고, 백두대간 지역에 있는 식물 분포를 조사합니다. 종자를 파악하고, 종자가 있는 곳의 좌표를 찍고, 종자가 자랄 때까지 기다리고, 같은 곳을 몇 번이고 가야 하는 일입니다. 또 일주일에 4~5일은 산을 다니거나, 산에 머물러야 하는 일입니다. 아주 예전에는 산이 지긋지긋한 시절도 있었지만, 지금은 산이 그곳에 있으니 오를 뿐이라는 전설의 산 사람들처럼, 종자가 그곳에 있으니 찾을 뿐이라는 마음을 지닌 산 사나이로 살고 있습니다.

김현정 대리

산림생태학을 전공했습니다. 산림생태학의 세부 분야 중에서도 숲에서 자생하는 식물을 중심으로, 다른 곤충과 새와 토양의 상호작용을 연구하고 공부했습니다. 국립백두대간수목원에 들어와서는 종자를 수집하고, 식물 분포를 조사하는 일을 하고 있습니다.

20대 때부터 산을 다니기 시작해 어느덧 10여 년. 그 세월 동안 전문성은 쌓였는지 몰라도, 무릎이 많이 상했습니다. 생물자원조사팀 대부분의 사람들이 가지고 있는 일종의 직업병입니다. 김현정에게 산은 공부이자, 연구이자, 일이자, 고단함입니다. 그녀에게 건강에 최고라는 '적당한 등산'은 없습니다. 온갖 다양한 변수와 싸우고, 온갖 험한 길을 다녀야 합니다. 그럼에도 여전히 몰랐던 식물을 알아갈 때, 잘 영근 열매나 특이한 종자를 수집할 때 기쁘다고 말합니다.

야생식물종자연구실

나채선 실장

환경생태공학을 전공하고 석사와 박사 학위를 취득한 뒤, 좀 더 심도 깊은 종자 연구를 하고 싶다는 일념으로 유수한 외국 대학들의 문을 두드렸습니다. 그러던 중 우연한 기회에 저명한 종자 연구자인 오스트리아 인스브루크 대학의 일제 크라나 교수의 연구팀에 들어갈 수 있었습니다.

하지만 그 이후, 우리나라 국립백두대간수목원에 시드볼트가 생긴다는 소식을 듣고 일말의 고민 없이 지원했습니다. 늘 한국에서 종자 연구를 하고 싶었기 때문입니다. 모든 것이 불확실한 상황 속에서 오스트리아와 한국을 두 번 오간 끝에 야생식물종자연구실에 들어오게 되었습니다.

스스로는 운이 좋았다고 하지만 야생식물 종자 연구와 관련해 현재의 시스템을 구축하고, 안정적으로 운영할 수 있게 만든 것은 오롯이 그녀의 공입니다.

정영호 주임

생명과학을 전공하고, 식물생태학으로 석사 학위를 취득한 후 수목원에 입사하였습니다. 수목원 입사 후 더 배우고 싶은 열정에 현재 식물생태학 박사 과정 중에 있습니다.

야생식물종자연구실에서, 종자가 발아할 수 있는 온도 범위인 발아유효온도범위탐색 연구, 얼마나 건조한 지역에서 발아할 수 있는지를 연구하는 종자발아내건성 연구를 하고 있습니다. 내건성이란 작물이 건조에 견디는 성질을 말하는데, 이 표현은 그의 연구 분야이자 동시에 그의 품성을 설명하는 말이라는 생각이 듭니다.

처음부터 지금까지 정영호의 목표는 야생식물 종자를 연구하는 것이었습니다. 그는 비록 야생식물 연구가 재배식물 연구에 비해 더디기는 하지만 그 때문에 오히려 이 분야에 매력을 느꼈습니다. 연구가 폭넓게 진행되지 않은 만큼 자신이 할 수 있는 일이 더 많을 거라고 생각했기 때문입니다. 정영호의 판단이 얼마나 가치 있는 것인지는 시간과 자기 자신이 증명할 것입니다.

시드볼트운영센터 멤버들

이곳은
시드볼트입니다

1

시드볼트에 관한
길고 중요한 여행을 시작하기 전에

경상북도 봉화군 춘양면 춘양로 1501

이곳 국립백두대간수목원(이하 백두대간수목원) 내에 전 세계에 단 두 곳밖에 없는 시드볼트가 자리하고 있습니다. 노르웨이의 스발바르 글로벌 시드볼트Svalbard Global Seed Vault(이하 스발바르 시드볼트)는 주로 작물 종자를 저장하고, 백두대간수목원의 백두대간 글로벌 시드볼트(이하 시드볼트)는 야생식물 종자(산이나 들에서 스스로 자라 자생하는 식물)를 보관합니다. 두 시드볼트의 역할이 다른 만큼 이곳은 야생식물 종자 저장고로는 전 세계 유일무이한 곳이라고 해도 무방합니다.

시드볼트는 씨앗을 뜻하는 Seed와 금고를 뜻하는 Vault를 더한

단어로, 종자를 저장하는 일종의 금고라고 할 수 있습니다. 자생력을 잃어 가는 식물은 물론, 기후 변화나 전쟁, 핵폭발 등 지구 차원의 대재앙에 대비해 야생식물의 멸종을 막기 위한 목적으로 지어졌기 때문에 현대판 노아의 방주라고 불리기도 하죠.

최근 환경 문제가 대두되면서 종자 보존에 대한 중요성을 인식하기 시작했고, 여러 매체를 통해 소개되면서 시드볼트에 대한 관심이 높아지기도 했습니다. 하지만 시드볼트가 하는 일을 정확히 아는 사람이 적다 보니, 방송에 잠깐 비친 모습만 보고 단순히 대단하다고 생각하거나 혹은 시드볼트의 역할을 제대로 알지 못한 채 세금을 축내는 곳이라고 비꼬는 경우도 있습니다. 매스컴이나 방송에 비친 모습은 피상적일 수밖에 없으니 어쩌면 당연한 일인지도 모르겠습니다.

이 책을 통해 시드볼트는 왜 만들어졌고, 어떻게 운영되며, 어떤 종자들이 어떻게 보관되어 있는지, 야생식물 종자를 중복 보존 하는 일은 왜 중요한지 등에 대해 총체적으로 다루는 한편, 시드볼트를 매개로 종자와 환경에 관한 문제들까지도 짚어 보고자 합니다.

또 하나, 시드볼트라는 공간에 대해 제대로 알기 위해서는 시드볼트를 둘러싼 사람들에 대해 이야기하지 않을 수 없습니다. 시드볼트운영센터는 센터장과 팀장을 필두로 국내·국외 네트워크 담당, 종자 저장 담당, 홍보 담당 등으로 구성되어 있고 이 외에도 생물자원조사팀, 야생식물종자연구실 등 시드볼트와 밀접한 관련을 맺고 있는 협력 팀이 있습니다.

이 현대판 노아의 방주를 만들고, 여기까지 끌고 온 그 모든 지점 지점에 사람이 있습니다. 그들은 백두대간을 비롯해 전국의 산을 다니면서 종자를 수집하고, 수집해 온 종자를 연구합니다. 동시에 시드볼트의 시스템을 구축하고, 국내와 국외의 여러 기관을 상대하고, 수집하거나 기탁받은 종자의 데이터를 기록하고, 종자를 저장하고, 시드볼트를 홍보합니다. 그렇게 시드볼트의 구성원들은 미래를 위해 오늘을 살아갑니다. 영원히 오지 않기를 바라는 '어떤 날'을 대비하면서 말이죠.

이들의 하루하루는 현재를 살고 있는 인류를 위한 일이자, 동시에 다음 세대를 위한 일입니다. 물론 이들이 매일매일을 엄청난 사명감과 의무감을 가지고 살아가는 건 아닐 수도 있습니다. 그저 이 땅의 수많은 직장인들처럼 이들도 자신이 해야만 하는 일을 정해진 시간에 해내는 것일 수도 있습니다.

다만 우리는 이들이 특수성을 가진 야생식물 종자를 다룬다는 사실에 주목해야 합니다. 그래서 종자를 수집하고, 연구하고, 정보를 기록하고, 데이터로 만들고, 확인하고, 입고하는 이 과정이 지극히 평범하고 단순해 보일 수 있지만, 무엇보다 중요하고 특별한 일입니다.

처음 시드볼트와 관련한 출간 제안을 시작으로, 이 책이 세상에 나오기까지 대략 300일 남짓 걸렸습니다. 그 300일 동안 시드볼트의 가장 깊은 곳까지 들어가 보려 했고, 시드볼트에서 일하는 사람들의 삶의 중심부까지 들여다보고자 했습니다. 그 의도가 얼마만큼 드러났는지는 이제 이 책을 읽는 독자들의 판단에 맡길 수밖에 없습니다.

취재를 위해 봉화에 머무르면서, 시간이 날 때마다 눈앞에 놓인 크고, 단단하고, 독특하고, 평온해 보이는 건물을 하염없이 바라보곤 했습니다. 이곳이 어쩌면 인류의 미래이자, 희망이라는 사실은 가끔 너무 아득해서 오히려 현실감이 없었습니다.

눈앞에 보이는 평온함과 다르게 지금 시드볼트는 그 무엇보다 엄중한 현실에 둘러싸여 있습니다. 야생식물은 너무 많이, 너무 빨리 없어지고, 고산지대에 살고 있는 나무들은 점점 말라 가고 있습니다. 당연하고 슬프게도 이 모든 것은 인간이 초래한 결과입니다. 지금 파괴되고 있는 생태계는 강력한 부메랑이 되어 인간의 삶을 위협하고 있고, 그 위협이 앞으로 얼마나 커질지는 아무도 알 수 없습니다.

그래서 시드볼트에는 더 많은 종자가 저장되어야 합니다. 2015년 12월에 건립해 현재 13만 7천여 점의 종자를 보관하고 있는 시드볼트는 많은 것을 이루었지만 가야 할 길은 아직 멉니다.

그 멀고 먼 여정을 이 책을 읽는 독자들과 함께 걸어갈 수 있기를 바랍니다. 야생식물의 위기와 중요성을 제대로 아는 것은 그 걸음의 훌륭한 시작이 될 수 있을 것입니다. 이제 여러분은 시드볼트의 하루하루를 책임지고 있는 사람들을 만날 것이고, 하나의 종자가 시드볼트로 들어가기까지의 여정을 함께 따라갈 것이고, 이 공간을 천천히 둘러볼 것입니다.

일반인들에게는 공개되지 않는 국가보안시설, 지하 수십 미터 깊이에 3중 철판 구조로 이루어진 영하 20도의 춥고, 어두운, 이곳. 13만 7천여 점의 생명을 품고 있는, 세상에서 가장 안전한 건물 안 으로 당신을 초대합니다.

2

국립백두대간수목원과
시드볼트의 시작

시드볼트를 말하기 위해서는 우선 시드볼트를 품고 있는 곳이
자, 시드볼트와 함께 만들어진 백두대간수목원을 이야기해야만 하
고, 백두대간수목원을 이야기하기 전에 기후 위기와 관련된 환경
문제를 짚고 넘어가야만 합니다. 만약 기후 변화라는 큰 문제가 지
구에 일어나지 않았다면 세계에서 유일하게 야생식물 종자를 저장
하는 시드볼트 같은 시설은 아예 만들 생각조차 하지 않았을지도
모를 일입니다. 그러니 우리는 이 이야기의 시작점인 기후 위기로
거슬러 올라가 거기에서부터 출발해야 합니다.

산업혁명 이후와 이전을 비교해 보면 지구의 평균 기온이 1도 상승했다고 합니다. 고작 1도가 뭐 그리 대수냐고 말할 수 있죠. 하지만 인간의 신체를 생각해 보세요. 체온이 정상보다 1도만 높아져도 몸이 으슬으슬해지고 무기력해지지 않던가요. 지구도 마찬가지입니다. 이 1도는 수치상으로는 별것 아니지만 드러나는 상황을 보면 매우 심각한 문제입니다.

건강한 몸은 항상성을 가지고 있습니다. 온갖 변화무쌍한 외부 환경에 맞서 체온을, 혈압을, 혈당을 늘 일정하게 유지하려고 애쓴다는 것이죠. 하지만 외부 환경이 급격하게 변하거나, 몸이 심각한 질병에 걸리면 우리 몸은 더 이상 일정한 상태를 유지할 수 없게 됩니다.

코로나19(이하 코로나) 때문에 최근까지 카페나 식당 등에서 체온을 재는 일이 종종 있었을 텐데요. 이때 평균 체온인 36.5도에서 1도 높은 37.5도 이상이 될 경우, 입장에 제한을 받곤 했습니다. 평균 체온보다 1도가 높다고 해서 코로나에 걸렸는지 아닌지 알 수 없지만 이를 통해 몸 어딘가에 문제가 있다고 간주하는 셈이죠.

우리가 살고 있는 지구도 마찬가지입니다. 지구도 자기 나름대로 '항상성'을 유지하려고 애씁니다. 인간들이 수없이 많은 양의 탄소를 배출하는 이런 상황 속에서도 일정한 기온을 유지하려고 어마어마한 에너지를 쓰고 있습니다. 그런데 1도가 상승했다? 이것은 지구에 분명 어떤 일이 벌어지고 있다는 것을 의미합니다.

물론 46억 년이라는 길고 긴 지구의 역사를 살펴보면, 화산 대폭발로 인한 대기의 변화, 여러 차례에 걸친 빙기와 간빙기 등 다양한 변곡점을 관찰할 수 있습니다. 따라서 환경 변화는 어떻게 보면 자연스러운 현상이라고 할 수도 있습니다. 문제는 그 정도가 지나칠 정도로 빠르다는 데 있습니다. 과학자들은 지난 1만 년 동안 지구 평균 기온이 약 4도 상승한 것으로 파악하고 있습니다. 온도가 상승하기는 했지만 인간뿐 아니라 지구도 바뀐 환경에 적응할 수 있는 여유가 있었습니다.

그런데 최근 100년 사이에 1도가 상승했고, 이런 급격한 변화는 큰 문제를 낳았습니다. 그중 하나가 빠른 속도로 멸종되어 가고 있는 식물입니다. 수많은 과학자와 관련 기관은 이런 현상이 가속화되면 결국 인간의 생존 자체를 심각하게 위협할 것이라고 경고해 왔습니다. 생태계는 우리 생각보다 훨씬 복잡하게 연결되어 있고, 식물은 그 연결고리의 가장 기본이 되는 아래쪽에 있습니다. 식물이 사라지면 동물 역시 생존할 수 없고, 결국 생태계 자체가 파괴되고 말 것입니다. 아무리 과학 기술이 발전한들, 식물과 동물이 사라진 지구에서 인간이 살 수 있을 리 없습니다.

이런 위기를 극복하기 위해 지구식물보전전략GSPC, Global Strategy for Plant Conservation을 세웠는데, 2006년 네덜란드 헤이그에서 열린 제6차 생물다양성협약당사국회의에서 채택한 GSPC 2000-2010과, 2010년 일본 나고야에서 열린 제10차 협약회의에서 채택한 GSPC 2011-2020이 그 모태입니다. 이때 정한 목표 중 하나가 각 생태 지역에서 자라는 식물의 최소 75퍼센트 이상을 현지 내외에 보존하는 것이었습니다. 우리나라 산림청은 지구식물보전전략의 일환으로 권역별 국가 수목원 확충 계획을 설립했고, 그 계획을 바탕으로 백두대간수목원 건립을 확정했습니다. 백두대간수목원은 현재, 산림청 산하의 한국수목원정원관리원에서 관리하고 있습니다.

국가 수목원의 역할과 종류

흔히 수목원이라고 하면 가벼운 마음으로 방문해서 꽃과 나무를 보며 맑은 공기를 마시고 '힐링'하는 곳이라고 생각하기 마련인데요. 물론 그런 역할도 있지만 그것은 일반 관람객을 위한 작은 부분일 뿐이고, 국립기관으로서 수목원이 실제 하는 역할은 그야말로 다양합니다.

수목원은 크게 전시, 교육, 조사, 연구, 보존 등 다섯 가지 기능을 하고 있습니다. 흔히 생각하듯, 수목원 내에 있는 식물을 아름답게 꾸며 사람들이 다양한 식물을 보고, 식물의 다채로움을 느끼고, 일종의 휴식을 취할 수 있게 하는 것은 전시의 역할이라고 할 수 있습니다.

또 일반인을 대상으로 환경이나 식물에 대해 알려주기도 하고, 동남아시아나 중앙아시아 관련 기관을 대상으로 연구 설비를 지원하거나, 우리의 연구 기술을 전수해 주기도 합니다. 이것은 교육의 역할입니다.

백두대간수목원에서 진행한 '코코 드 메르' 전시

　　수목원의 더 핵심적인 역할은 현지에 있는 식물을 조사하고, 어떤 특성이 있는지 연구해서 그 식물이 자생지 내에서 건강하게 자랄 수 있는 환경을 만들어 주는 일입니다. 이를 위해, 사람들이 함부로 접근하지 못하게 막아 서식지를 지키는 작업을 하기도 하고, 상황이 여의치 않다면 그곳에 있는 식물을 안전한 곳으로 옮겨 건강하게 만든 다음 다시 원래 있던 곳으로 가져가 심기도 합니다. 이런 모든 작업을 통틀어 현지 내 보존이라고 합니다.

간혹 그 식물이 자라고 있는 곳의 환경이 너무 척박해졌거나, 어떤 형태로든 생태계가 파괴되어 그곳에서 더 이상 자랄 수 없는 경우도 있겠죠. 이때는 그 식물을 가지고 와서 수목원 내에서 자랄 수 있는 환경을 만들어 줌으로써 식물을 지키기 위한 작업을 진행하는데, 이것을 현지 외 보존이라고 합니다.

수목원은 식물 보존을 위한 연구 외에도, 식물의 생리나 특성을 확인해 식물과 사람의 연관성을 밝히고 그 식물을 어떻게 활용할 수 있는지, 이 식물이 인간에게 어떤 영향을 미칠 수 있는지에 관한

현지 외 보존 수집 과정

연구도 활발하게 벌이고 있습니다.

우리나라에는 백두대간수목원 외에도 국립수목원이 몇 군데 더 있습니다. 모두 앞에서 언급한 다섯 가지 기능을 위해 만들어졌지만, 분야라고 해야 할지 아니면 각 수목원의 특성이라고 해야 할지 명확하게 정의하기는 쉽지 않으나 지향하는 목표점이 조금씩 다릅니다.

국립수목원

우리나라 최초의 국립수목원으로 1999년 5월 24일 개원했습니다. 국립수목원만큼은 아직도 산림청에서 직접 관리하고 있는데요.

국립수목원

주요 역할은 한반도에 살고 있는 식물 조사와 연구, 그리고 희귀식물과 특산식물을 보존하는 것입니다.

국립백두대간수목원

2017년 5월에 설립된 국립백두대간수목원은 고산식물 보존을 목적으로 합니다. 백두대간이라는 이름은 백두에서 시작된 큰 줄기라는 의미로, 백두산에서 지리산에 이르는 산줄기를 이르는 말입니다. 현재는 우리가 가고 관측할 수 있는 설악산부터 지리산까지를 백두대간 권역으로 보고 있습니다. 언젠가 통일이 되면 백두대간의

국립백두대간수목원

진짜 의미를 완성할 수 있을 겁니다.

국립세종수목원

2020년 7월에 설립되었습니다. 국민에게 도심형 녹색 서비스를 제공하겠다는 목표 아래 우리나라 중부권역의 온대식물에 대한 조사, 보존, 연구를 최우선 가치로 두고 있습니다.

국립새만금수목원

바닷가 주변의 식물을 보존하고 연구하기 위한 일환으로 2026

국립세종수목원

년 건립을 목표로 하고 있습니다. 우리나라에는 3,300여 개의 섬이 있고, 그중에는 다른 지역에서 쉽게 볼 수 없는 독특한 식물들도 많이 있습니다. 예를 들어 홍도만 놓고 봐도 풍란, 새우난초 등 국제적으로 멸종 위기에 처한 식물을 관찰할 수 있습니다. 새만금수목원이 만들어지고, 우리나라 곳곳의 섬과 그곳의 식물을 본격적으로 조사할 수 있게 되면 지금까지 우리가 알지 못했던 새로운 식물이나, 더 많은 멸종 위기종을 발견할 수 있을지도 모릅니다.

이렇게 우리나라에는 각각의 목적에 맞는 수목원이 존재하고, 또 만들어지고 있습니다. 식물에 대한 다양한 조사와 연구가 수목

국립새만금수목원 조감도

원을 중심으로 이루어지고 있는 셈이지요.

사실 우리나라 국가 수목원의 역사는 그리 길지 않습니다. 1999년에 처음 문을 연 국립수목원 이후, 두 번째 국립수목원인 백두대간수목원이 2018년에 정식으로 개원했으니 두 수목원 사이에 약 20년 가까운 시간의 간극이 있습니다. 해외 여러 나라와 비교할 때 상대적으로 늦은 편이라는 점은 차치하고라도, 식물 생태계 연구와 보존의 중요성 측면을 생각해 보면 아쉬움이 남을 수밖에 없는 시간입니다. 하지만 본격적으로 수목원 건립과 연구를 시작하면서 급속도로 발전을 이루어 현재 우리나라 야생식물 관련 연구 기술은 자타공인 세계 최고 수준입니다.

물론 야생식물과 관련해서는 아직 해야 할 연구도 많고, 알아내야 할 것도 많습니다. 야생식물의 종류는 수없이 많고, 그만큼 관련 연구도 무궁무진하고 다종다양하기 때문입니다. 본격적인 작업은 이제 막 시작되었습니다. 우리는 더 많이 나아갈 것이고, 더 많이 알아 갈 것이고, 또 지켜 낼 겁니다. 이것이 수목원의 진짜 존재 이유입니다.

백두대간수목원에 관한 재미있는 두 가지 이야기

1. 왜 봉화인가?

백두대간수목원의 대략적인 넓이는 51,790,000제곱미터, 평수로 따지면 약 1,566만 평, 축구장 8,000개 정도의 규모를 자랑하고 있습니다. 이 넓은 공간 한쪽에 시드볼트가 자리 잡고 있고, 그 맞은편 건물에 직원들의 사무 공간과 연구실이 있습니다.

그런데 백두대간수목원은 무슨 연유로 봉화에 지어졌을까요? 그 사정은 이렇습니다. 처음 고산식물 보존을 목적으로 수목원을 짓기로 결정했을 때, 경북 상주와 봉화가 의사를 밝혔습니다. 이 과정에서 봉화군은 봉화가 예로부터 『정감록』에서 말하는 십승지(천재지변이나 전쟁이 일어나도 안심하고 살 수 있다는 열 군데의 땅) 중 하나라는 점과, 『조선왕조실록』 태백산 사고 수호 절이었던 각화사가 봉화에 있던 점을 내세웠는데, 이것이 최종 택지로 낙점을 받는 데 주효했습니다. 실제로 한국전쟁 당시 전화의 불꽃이 나라를 뒤덮을 때도 봉화 주민들은 전쟁이 난 것을 잘 몰랐다는 이야기가 있을 정도이니 이곳이 얼마나 외부와 동떨어진 장소인지 알 수 있습니다. 물론 현대에 와서는 이런 지리적 요인이 이유의 전부가 되지는 않았겠지만, 그 상징성은 '보존'이라는 목적을 지닌 시드볼트의 땅으로 삼기에 충분했습니다.

이 외에도 봉화는 백두대간의 중요한 줄기인 태백산과 소백산 사이에 위치하고 있을 뿐 아니라, 산간지역이 많아 평균 해발 고도가 매우 높은 편입니다. 고산식물을 현지 외 보존하기 위한 천혜의 자연조건을 갖추고 있는 셈이지요.

2. 알파인하우스와 암석원

백두대간수목원이 하는 주요 역할 중 하나는 고산식물의 수집과 보존인데, 이와 관련하여 몇 가지 흥미로운 시설들이 있어 여기서 소개하고자 합니다.

우선 알파인하우스가 있습니다. 농촌에서 추운 겨울에 재배식물이 잘 자랄 수 있도록 하기 위해서 비닐하우스를 설치하죠. 알파인

알파인하우스

하우스는 그 반대 개념입니다. 하부에 차가운 물이 흐르는 쿨링 파이프를 설치해 토양 온도를 낮추고, 환풍 장치와 차광 장치를 도입하여 해발 2,000미터 이상의 기후와 거센 바람, 건조한 환경을 유사하게 재연한 시설입니다. 백두대간수목원의 알파인하우스에서는 우리나라에 자생하는 고산식물을 비롯해 몽골, 네팔 등 아시아 고산 지역에서 자라는 식물을 볼 수 있습니다.

암석원

또 하나의 시설로는 암석원을 꼽습니다. 알파인하우스가 인공적인 기술을 통해 고산지대의 기후와 환경을 재현해 놓은 것이라면, 암석원은 알파인하우스보다 좀 더 자연 그대로에 가깝게 조성한 공간입니다. 바위나 돌을 과학적으로 배치하고, 그 사이사이에 고산식물을 식재하여 전시, 보존해 놓았는데요. 이 바위와 돌 틈으로 공기와 바람이 통과하면서 다른 곳에 비해 자연스럽게 서늘한 환경이 만들어집니다.

알파인하우스와 암석원의 최대 목적은 고산식물의 증식과 보존입니다만, 일반 관람객들도 고산식물을 보고 즐길 수 있도록 공개하여 전시 역할도 겸하고 있습니다. 혹시 백두대간수목원을 방문하게 된다면 한 번쯤 둘러봐도 좋겠습니다.

알파인하우스와 암석원 모두 '현지 외 보존'을 위해 자연과 과학을 조화롭게 접목한 시설이라고 할 수 있습니다. 다만 이런 시설들의 규모와 구성이 대단하다고 해서 감탄만 할 수는 없습니다. 암석원과 알파인하우스 모두 지금의 기후 위기를 또렷이 보여 주는 시설이기 때문입니다. 이런 요건을 갖추어야 할 정도로 고산식물들은 현재 보호와 보존이 시급한 상황입니다. 시설을 일반에 공개하는 것은 고산식물군 정보를 제공하기 위한 것도 있지만 식물 생태계와 보존에 대한 인식을 높이기 위한 것이기도 합니다.

백두대간수목원 내에는 소개한 곳 외에도 현지 외 보존을 위한 매우 중요한 시설이 하나 더 있습니다. 그야말로 기술집약적인 곳, '영원한 건 세상에 없다'는 명제에 도전장을 내밀며 감히 영원을 꿈꾸는 곳, 시드볼트입니다.

시드볼트가 만들어진 이유

산림청은 처음 백두대간수목원 건립을 구상하면서 수목원 내에 야생식물을 보존하기 위해 알파인하우스와 암석원 같은 별도의 시설을 같이 세울 계획이었습니다. 이 외에도 일반적으로 떠올릴 수 있는 것이 시드뱅크(종자은행) 정도였는데, 시드뱅크는 당시만 해도 이미 여러 나라, 여러 기관에서 많이 운영하고 있었습니다. 그런 상황에서 산림청은 과연 백두대간수목원만이 할 수 있는 것이 무엇일까 고민하다가 스발바르 시드볼트를 떠올렸습니다. 2008년에 설립해 운영하고 있던 스발바르 시드볼트는 작물종자를 영구 저장 하는 시설이므로 백두대간수목원은 이와 차별점을 두어 야생식물 종자를 영구히 보관할 수 있는 시설을 만들자는 의견이 나왔습니다.

그 과정에서 다양한 갑론을박이 있었는데요. 가장 핵심적인 것은 이게 과연 무슨 이익이 있을까 하는 것이었습니다. 그럼에도 결국, 시드볼트를 짓게 된 결정적인 이유는 '세계 공익'이 '국익'을 이겼기 때문입니다. 그동안 국내에만 머물던 우리의 시선이 조금 더 넓은 세상을 향하게 되었다고 할 수 있겠지요.

한국은 무분별한 벌목과 전쟁으로 인해 폐허가 되었던 산림을 수십 년에 걸쳐 복구했고, 현재까지도 복구한 상태를 유지하고 있는 대표적인 나라입니다. 이 과정에서 많은 경험과 지식 축적을 통해 얻은 연구 결과가 있습니다. 하지만 세계에는 망가진 산림을 복구할 자본이나 기술이 없는 나라가 많습니다. 또한 시드볼트와 같은 시설을 만들고 유지할 수 있는 나라도 흔치 않습니다.

과거 우리는 한국전쟁 당시를 비롯해 그 이후에도 여러 나라의 도움을 받은 적이 있습니다. 이 도움들이 전적으로 우리 경제 성장을 이끈 것은 아니지만 일정 부분 기여를 한 것은 사실입니다. 이제 우리 경제력은 세계 공익에 이바지할 수 있을 정도로 성장했습니다. 우리가 받았던 것을 되돌려 줄 때가 된 것이죠. 시드볼트는 바로 그런 되갚음의 일환입니다. 종자 보존이라는 큰 줄기 아래, 작은 가지처럼 뻗어 있는 여러 지향점들로 이루어진 복합 개념 시설이라고 할 수 있습니다.

시드볼트는, 국토의 60~70퍼센트가 산으로 이루어져 있는 우리나라의 식물을 지키겠다는 1차적인 목표가 있지만 말씀드린 것처럼 이게 전부는 아닙니다. 아시아의 식물을 지키고, 더 나아가 전 세계의 식물을 지키겠다는 큰 포부와 목표를 가지고 있습니다.

세세하게 따지고 보면 시드볼트는 미래의 재앙이나 식물의 멸종을 대비한다는 목적 외에도 식물 데이터 수집 등 연구 측면에서 보이지 않는 이익이 분명히 존재합니다. 하지만 시드볼트는 물질적인 이득을 말하지 않습니다. 다른 나라나 기관을 통해 기탁받은 종자의 소유권이나 이용할 권리 등은 온전히 종자를 기탁한 나라나 기관에 있습니다. 시드볼트는 그 종자를 열어 볼 수조차 없습니다. 시드볼트가 하는 일이라곤 그저 안전하게 보관하는 것뿐입니다. 언제까지? 그건 아무도 모릅니다. 몇십 년, 혹은 몇백 년이 될 수도 있고, 어쩌면 이 보관이 영원히 끝나지 않아 씨앗이 다시 세상에 나올 일이 없을 수도 있겠죠.

기약할 수 없는 긴 나날을 완전히 무료로 운영하고, 튼튼하고 안전한 상자를 보내 안심하고 종자를 맡길 수 있도록 하고, 만일의 사태에는 그대로 다시 되돌려 주는 이 일을 대체 왜 하느냐고 묻는다면 우리나라는 이제 그 정도의 기술력과 국제적인 위상을 갖춘 나라가 되었기 때문이라고 말할 수밖에 없습니다.

　이것을 자부심이라고 해도 좋다면, 이 자부심은 거만이나 위세가 아니라 세계와 인류와 환경을 향한 우리의 마음입니다. 그러니까 그 옛날, 총과 칼로 다른 나라의 도움을 받은 대한민국은 이제, 시드볼트를 통해 꽃과 나무와 씨앗으로 다른 나라를 돕습니다. 아름답고, 위대하고, 복된 일이 아닌가요.

3

시드볼트와 시드뱅크

시드뱅크와 시드볼트의 개념

시드볼트는 전 세계 두 곳밖에 없고, 야생식물 종자를 영구히 보존하는 곳은 국립백두대간수목원의 시드볼트가 유일하지만, 시드뱅크는 여러 나라에서 다양한 형태와 방식으로 운영하고 있습니다. 전 세계 시드뱅크를 모두 합치면 대략 1,700개 이상이라고 합니다.

개념만 놓고 따지자면 시드뱅크와 시드볼트 모두 종자를 저장한다는 것은 동일합니다. 다만 시드뱅크가 종자를 활용하기 위해 보관하고, 현재를 위해 보관하고, 자국의 이익을 위해 보관한다면, 시드볼트는 종자를 보존하기 위해 보관하고, 미래를 위해 보관하고, 인류와 지구를 위해 보관합니다.

농업이 식량 생산 목적 차원에서 벗어나 새로운 미래 산업으로 거듭나면서 종자가 식량 무기화의 중심에 선 지 오래입니다. 이에 따라 시드뱅크는 우리나라만 해도 농촌진흥청, 환경부, 농림축산식품부, 산림청 등 여러 곳에서 운영하고 있습니다. 이 외에 사립 기관이나 개인이 작게 운영하는 곳까지 합친다면 숫자는 훨씬 많아지겠지요. 사실 시드뱅크에서 종자를 보관하는 것 자체는 크게 어렵지 않습니다. 종자는 잘만 건조하면 냉장고에 보관해도 보존력을 유지할 수 있다고 할 정도니까요. 따지고 보면 냉장고와 시드뱅크의 작동 원리는 거의 동일합니다. 냉장고와 달리 시드뱅크가 온도나 습도 등 여러 측면에서 더 세밀하게 관리된다는 점을 제외하면 말이죠.

그렇다면 여기서 이런 의문이 생길 수 있습니다. 시드뱅크는 이렇게 많은데 왜 시드볼트는 극히 드물까요? 미국은, 영국은, 프랑스는 왜 시드볼트를 짓지 않을까요?

답은 간명합니다. 그 나라들은 지금도 충분히 잘살고 있기 때문입니다. 자국에 있는 큰 규모의 시드뱅크만으로 충분하기 때문입니다. 그것만으로도 부족함 없이 연구할 수 있고, 자국의 이익을 지키는 데 아무런 문제가 없습니다. 그래서 그 나라들은 시드볼트가 필요도 없고, 만들 생각조차 하지 않습니다. 기술력만 따지면 우리나라도 시드뱅크만으로 충분합니다. 다만 앞서 말했듯이 전기 공급이나 시설 건립 등 인프라를 구축하기 힘든 나라를 지원하고, 국내의 다양한 기관에서 보유하고 있는 종자들을 중복 보존 하고, 나아가 지구상의 모든 종자들의 멸종 위기에 대응하겠다는 목적으로 시드볼트를 짓게 된 것이죠. 이런 이유로 시드볼트가 1차로 목표하는 곳은 중앙아시아, 동남아시아, 남아메리카 쪽의 나라들입니다. 물론 우리나라 시드볼트의 유용성이나 가치가 잘 알려져서 미국이나 영국 같은 큰 나라들도 시드볼트에 종자를 맡기게 된다면 더할 나위 없는 일이겠지요.

이야기를 조금 정리해서 말씀드리자면, 시드뱅크에 들어가는 종자는 필요에 따라 수시로 저장되기도 하고, 다시 꺼내서 연구나 증식에 활용되기도 하지만, 시드볼트에 들어가는 종자는 그 종자가 멸종 위기에 처했거나, 지구가 멸망에 가까운 위기를 겪지 않는 이상 밖으로 나오지 못합니다. 이것이 두 곳의 정체성과 역할을 가르는 결정적인 차이지요.

종자전쟁과 시드볼트

이런 맥락에서 볼 때 시드볼트는 할 수 있는 일과 할 수 없는 일, 해야 할 일과 하지 말아야 할 일이 명확합니다.

대표적인 예로 최근 전 세계적인 이슈로 떠올랐던 종자전쟁을 들 수 있습니다. 우리나라는 현재 우리 땅에서 자란 곡물만으로는 수요를 감당할 수 없기 때문에 외국에 식량을 의존하는 정도가 매우 높은 편입니다. 비단 우리나라만의 문제는 아닙니다만, 식량을 수입하는 나라와 수출하는 나라의 처지나 위세가 극명하게 나뉘죠. 이런 상황에서 하나의 종자를 잘 만들면 그것은 엄청난 자원이자

무기가 될 수 있습니다. 이것은 단지 식량 조달 측면뿐 아니라 국가 간 위상에도 영향을 미칩니다. 종자전쟁이라는 말이 나온 이유죠.

최근 우리나라가 연구하고 있는 대표적인 작물에는 고들빼기가 있는데요. 예전에는 상품이라는 인식 없이 야생 상태의 식물을 캐서 먹는 정도였다면, 지금은 생산 작물로 보고 있습니다. 농부들의 노동력으로 키우는 순간부터 식물은 그 지위가 작물로 바뀝니다. 작물은 주로 판매를 목적으로 하기 때문에 그 모양이 균일해야 합니다. 또 고들빼기는 잎과 뿌리를 같이 먹으니까 온전한 형태로 예쁘게 잘 자라는 것도 중요합니다. 단순 먹거리에서 품종으로 전환될 수 있도록 개발하는 것이죠. 그전에는 소득자원으로 활용하는 단계까지 가지는 못했는데, 이제 조금씩 수준을 높여 가고 있는 추세입니다. 종자전쟁이란 이런 신품종의 종자를 둘러싸고 국가나 기업 간의 대립이 격화되는 현상을 일컫습니다.

그렇다면 종자전쟁에 있어 시드볼트의 역할은 없을까요? 이 질문에 시드볼트운영센터 팀장 이하얀은 "없다!"라고 분명하게 선을 긋습니다. 그것은 시드볼트가 할 일이 아니라는 것입니다. 종자전쟁은 특성상 재배식물과 그 소유에 초점이 맞춰져 있고, 이를 키울 수 있는 권리를 가진 사람이 승자가 되는 시스템입니다.

하지만 시드볼트는 그것과 동떨어져 있습니다. 식물을 어떻게 이용할 것인가는 관심사가 아니라는 것이죠. 시드볼트의 입장은 명확합니다. 우리는 '가만히 두겠다' 즉, 직접적인 관여 대신 철저히 국외자의 자리에 서 있겠다고 선을 긋습니다. 고들빼기를 상품으로 판매할 수 있게 개량하고 연구하는 것은 종자를 이용하는 사람들의 몫이고, 시드볼트가 지향하는 목표인 종자 보존과는 다르다고 판단하고 있습니다. 단, 그 판단은 아무래도 상관없다는 무관심이 아니라 주어진 사명과 책정한 목표를 성실히 수행하기 위해 다른 것에 간섭하지 않는다는 가치관을 지키기 위함입니다. 스스로 자처해서 외연에 선 것이라고 할 수 있습니다.

백두대간수목원의 시드뱅크

백두대간수목원에서도 시드뱅크를 운영하고 있습니다. 다른 곳에 있는 시드뱅크와 마찬가지로 종자와 관련해 다양한 실험을 진행하는데, 다른 시드뱅크에 비해 하나의 기능을 더 수행합니다. 그것은 시드볼트를 조금 더 효과적으로 운영할 수 있도록 하는 역할입니다.

백두대간수목원에는 시드볼트를 직접적으로 운영하는 센터 외에도 시드볼트와 밀접한 관련이 있는 팀들이 있습니다. 그중 하나가 백두대간보전부 산하 산림생물자원보전실의 생물자원조사팀입니다. 생물자원조사팀은 백두대간을 비롯해 전국의 모든 산을 다니면서 권역별로 다양한 종자를 수집합니다. 그렇게 수집한 종자는 회의를 거쳐 시드뱅크와 시드볼트 중 어디에 보관할지를 결정합니다. 희귀한 종자일 경우 시드볼트에만 보관하기도 하고, 시드볼트에 다량 보유 하고 있는 종자일 경우 시드뱅크로만 넘어가기도 하지

만, 대체로 시드볼트와 시드뱅크 두 곳에 중복 보존 하는 것이 일반 적입니다.

이렇게 하는 이유가 있습니다. 예를 들어 생물자원조사팀에서 매미꽃 종자를 수집했다고 가정하겠습니다. 그리고 이 매미꽃 종자를 시드볼트와 시드뱅크에 각각 보관하기로 결정했다고 치겠습니다. 그러면 과연 이 매미꽃 종자를 영하 20도의 온도에 보관해도 괜찮을지 어떻게 알 수 있을 것이며, 이 매미꽃 종자를 보관했다가 나중에 꺼냈을 때 잘 자랄 수 있을지는 또 어떻게 확신할 수 있을까

백두대간수목원 시드뱅크 내부

요? 만약 시드볼트 안에 있는 매미꽃 종자가 밖으로 나가야 할 상황이라면, 이 지구상에 존재하는 대부분의 매미꽃이 사라졌을 가능성이 높습니다. 시드볼트 안에 들어 있는 매미꽃 종자가 지구에 남은 마지막 매미꽃일 수도 있는 셈이죠. 이걸 잘 깨워서 살리면 인류는 다시 매미꽃을 볼 수 있는 것이고, 살리지 못하면 영원히 사라지고 맙니다. 이런 절체절명의 상황이 되어야만 시드볼트의 종자는 밖으로 나올 수 있습니다. 그러니 시드볼트에 보관하려면 처음부터 영하 20도의 온도에서 휴면이 가능한 종자여야 하고, 동시에 휴면에서 깨어난 후에도 싹을 틔울 수 있는 종자여야 합니다. 또 부수적으

매미꽃

로 이 생명이 잘 자라게 하려면 어떻게 해야 하는지 알아야 하겠죠.

여기서 시드뱅크와 시드볼트의 협력 관계가 드러납니다. 시드볼트에 들어간 종자는 '그날'이 오지 않으면 나오지 못하기 때문에 중복 보존 한 시드뱅크의 종자를 가지고 다양한 실험을 진행하는 것입니다.

오랫동안 잠들어 있는 종자를 어떻게 깨워야 하는지, 또 그걸 언제 어떻게 심었을 때 가장 잘 자라는지, 시드볼트에서 언제까지 보관해도 괜찮은지, 온도 변화에 따라서 자랄 수 있는 특성이 있는지 등을 세세하게 살피고 기록하고 데이터로 만듭니다. 이 연구가 바탕이 되었을 때 비로소 시드볼트 안에 잠자고 있는 종자들을 신뢰할 수 있게 됩니다.

시드뱅크에 입고된 종자들

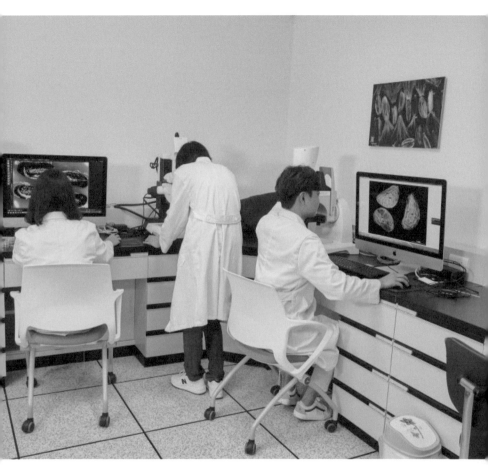

종자는 시드뱅크에 입고되기 전 다양한 실험을 거치고, 이 실험은 시드볼트의 신뢰성을 높인다.

하나의 종자가
시드볼트로 가기까지

수집과 연구

1
생물자원조사팀

이번 장에서는 종자를 수집하는 방법과 수집한 종자를 시드볼
트에 보관하기 직전까지의 과정을 세세하게 따라가 보겠습니다.

시드볼트에 보관되는 종자는 수집을 통해 들어오는 것과 다른
여러 국가나 기관으로부터 기탁을 받아 들어오는 것으로 나뉩니다.

수집의 첫 단계는 백두대간보전부 산하 산림생물자원보전실을
통해 이루어집니다. 산림생물자원보전실은 생물자원보전팀과 생물
자원조사팀으로 이루어져 있는데, 생물자원보전팀은 현지 내 보존
을 위한 팀이라고 할 수 있습니다. 예를 들어 구상나무가 죽어 가고
있다면 현지에 가서 그곳 생태계에 어떤 문제가 있는지, 구상나무
가 왜 죽어 가는지, 그 자리에서 구상나무가 다시 건강하게 자라기

위해서는 어떻게 해야 하는지 등을 연구하고, 실행하는 것이 주요 업무입니다.

생물자원조사팀(이하 조사팀)은 시드볼트와 직간접적으로 연결되어 있습니다. 이들이 수집해 오는 수많은 종자들은 시드볼트와 시드뱅크로 들어가, 영구히 저장되기도 하고 다양한 연구를 위해 활용되기도 합니다.

종자의 수집 과정

백두대간수목원은 백두대간을 설악산부터 지리산까지 총 다섯 개 권역으로 나누었습니다. 조사팀은 각 권역을 다니면서 전반적인 식물 분포를 조사하고, 권역별로 흩어져 있는 야생식물 종자를 수집합니다. 필요에 따라 백두대간 외의 장소를 방문하기도 합니다. 대한민국 전 국토가 조사팀의 무대입니다.

수집을 위해 가장 먼저 하는 작업은 수집할 식물의 종을 정확히 파악하는 일입니다. 식물을 구분하는 방법은 몇 가지가 있는데, 종자만 가지고 식물의 종을 정확히 파악하기는 쉽지 않습니다. 주로 쓰는 방법은 꽃을 관찰하는 것인데요. 꽃이 개화했을 때 식물의 주요한 특징들이 많이 나타나기 때문입니다.

그래서 조사팀은 백두대간 곳곳을 다니면서 꽃이 개화했을 때를 중심으로 식물의 종을 파악합니다. 수집할 만한 종이라고 판단하면 그곳의 좌표를 기록한 뒤, 그 종자가 결실을 맺고, 성숙할 때까

동자꽃

백당나무꽃

지 기다립니다. 여기서 결실이란 열매를 맺는 것을 의미하는데, 열매를 맺었다고 바로 채집을 하는 것은 아닙니다. 예를 들어 열매마다 이제 막 열리는 시기가 있고, 시간이 지나 가장 잘 익을 때가 있죠. 조사팀은 열매가 가장 잘 익었을 때 종자를 수집하는 것을 원칙으로 합니다.

많은 생물이 그렇듯 종자도 만들어질 때, 주변 환경뿐 아니라 여러 요인으로 인해 건강한 종자가 있을 수 있고, 속이 비거나 병든 종자가 있을 수 있습니다. 이렇게 종자가 잘 자랄 수 있는 정도, 건강한 정도를 '활력'이라고 하는데 해당 식물이 결실을 잘 맺고, 충분히 성숙한 상태일 때 종자를 수집해야 활력이 좋을 가능성이 커집니다.

수집한 종자들은 야생식물종자연구실로 보내져 종자의 활력과 저장성을 비롯한 종자의 모든 것을 파악한 뒤, 바로 실험을 할지, 시드뱅크에 보관해 시간을 두고 더 연구할지, 시드볼트로 보낼지 등을 결정합니다. 실험을 한다면 거기서 성분을 추출해 의약품이나 화장품으로 활용할 수도 있습니다. 조사팀은 그 모든 과정의 첫 시작이자, 이 모든 원재료를 담당합니다.

어떻게 보면 당연한 상황이지만 이들이 다니면서 종자를 수집해야 하는 곳은 인간을 위해 만들어진 길이나 등산로가 아닙니다. 또 종자를 수집해야 하는 시기 역시 사람이 활동하기 좋은 계절과 거리가 멀 때가 많습니다. 하지만 험한 곳이라도 종자가 있으면 가야 하고, 무더운 한여름이나 몹시 추운 날에도 그때가 최적의 시기

라고 판단하면 가야 합니다.

보통 수집을 위해서는 같은 장소를 적어도 세 번은 가야 하는데요. 처음 꽃이 필 때 식물의 종을 파악한 후, 식물체 표본을 수집할 때 한 번, 종자가 잘 맺혔는지 확인하기 위해 한 번, 그리고 최종적으로 종자를 수집하기 위해서 또 한 번 가야 합니다. 이것도 매우 운이 좋을 때 이야기입니다. 시기가 안 맞으면 몇 번이고 다시 가야 할 때도 있지요. 간혹 이즈음이면 결실을 맺었을 거라고 생각하고 방문했는데, 때가 일러 돌아와야 할 경우도 있습니다. 그렇게 종을 파악하고 - 최적의 시기를 기다리고 - 방문하고 - 시기가 맞지 않으면 다시 돌아오고 - 기다리고 - 방문하기를 반복합니다.

그래서 조사팀의 일은 육체적인 힘듦을 견뎌야 하는 일이고, 뱀에 물리거나 벌에 쏘일 수 있는 위험을 감수해야 하는 일이고, 최적의 시기를 위해 기다리고 인내해야 하는 일입니다.

조사팀의 한준수는 학부 시절, 무더운 여름날에 산을 타야만 했던 적이 있었습니다. 어느샌가 가지고 간 물을 다 마셔 버렸으나 이런저런 이유로 멀리 떨어진 샘물이 있는 곳으로 가지 못했습니다. 간신히 내려오긴 했지만 이미 탈수가 진행되어 다리가 풀리고, 손이 굳기도 했습니다. 실제로 겪진 않았지만 간혹 수집 중에 앰뷸런스에 실려 가는 경우도 있다고 합니다. 요즘에는 예전과 달리 안전을 최우선으로 생각합니다. 탈수를 막기 위해 물을 충분히 준비하고, 포도당 캔디 또는 죽염을 챙기는 등 자기 나름의 노하우가 생겼습니다. 그렇다고 해서 이 일 자체가 힘들지 않을 도리는 없습니다.

식물체를 수집하는 방법

이들이 식물체를 수집하는 방법도 여러 가지입니다. 때로 뿌리까지 포함해 전체를 캐야 할 때도 있고, 꽃과 잎만 수집할 때도, 가지와 열매만 캘 때도, 꽃가루만을 따로 수집해야 할 때도 있습니다. 나무 같은 경우에는 생장추라는 기구로 나이테를 관찰하기도 합니다. 이를 통해 나무의 연령이나 성장 과정을 확인하고, 일 년에 얼마나 자랐는지를 파악해 기후와의 상관관계를 추측하기도 합니다.

생장추로 나무의 나이테를 확인하는 과정

식물의 어떤 부위를 얼마나 수집해야 하는지는 식물의 종류에 따라 조금씩 다릅니다. 그래서 조사팀은 식물의 종을 파악하는 것은 당연하고, 식물마다 무엇을 수집해야 하는지에 대해서도 정확히 알아야 합니다.

수집해 온 식물로 '술'을 담글 때도 있습니다. 마시기 위한 것은 아닙니다. 정확하게 말하면 이것은 '술'이 아니라 '액침표본'입니다. 액침표본은 말 그대로 약액[液]에 담근[浸] 표본을 뜻합니다. 에탄올이나 포르말린 등을 이용해 액침표본을 만들어 식물 조직 형태를 보존하지요. 이렇게 액침표본을 한 식물은 나중에 해부를 해서 단면을 보거나 꽃가루를 추출하는 데 사용합니다.

만약 조사팀에서 작년에 어떤 종자를 수집해 시드볼트와 시드뱅크에 저장했다면 다음 해부터 그 종자는 더 이상 수집하지 않을까요? 그렇지 않습니다. 수집은 계속, 그리고 끊임없이 진행합니다. 야생식물은 지역적 다양성과 유전적 다양성이 있을 수 있다고 판단하기 때문입니다. 그래서 같은 종이라도 가능하면 다양한 지역에서 수집하고 또 매해 수집합니다.

쉽게 말해 지리산에 있는 구상나무와 제주도에 있는 구상나무는 같은 구상나무이기도 하지만 동시에 다른 구상나무이기도 합니다. 또 같은 식물이라도 기후 변화에 따라 다른 특성을 지닐 수도 있습니다. 예를 들어 비가 많이 와서 작년에는 종자의 활력이 좋지 않았는데, 올해는 기후가 괜찮아 활력이 좋을 수 있습니다. 이처럼 기간을 정해 지속적으로 관찰함으로써 종자가 말라 가고 있는지, 더 잘 성장하고 있는지도 파악할 수 있습니다.

　제주도 구상나무와 지리산 구상나무가 각각 어떤 특성을 가지고 있는지, 같은 지역에 있는 구상나무라 하더라도 작년 구상나무와 올해 구상나무가 또 어떻게 다른지 연구하는 것은 다음 장에서 다룰 야생식물종자연구실의 몫입니다. 조사팀은 연구에 필요한 종자를 최대한 건강한 상태로, 최대한 다양한 지역에서, 최대한 많이 수집해 와야 합니다.

종자의 위치를 파악하는 몇 가지 방법들

　종자를 수집하기 위해서는 일단 그 식물이 어디에 있는지 알아야 하겠죠. 종자의 위치를 파악하는 방법은 다양한데, 우선 조사팀에서는 매년 방문할 권역과 지점을 설정하고 조사 계획을 수립합니다. 그렇게 장소를 정해 놓고 방문하면서 종자를 찾는 경우도 있고, 이런저런 네트워크를 통해 다른 기관이나 주변에서 발견한 종자의 위치 정보를 파악하는 경우도 있습니다. 또 관련 연구 자료나 논문, 보고서, 책자를 통해 대략적인 위치를 가늠한 뒤에 직접 가서 종자를 확인하기도 합니다.

　이런 여러 가지 방법을 통해 종자 위치를 최대한 정확히 판단한 뒤에 방문하지만, 허탕을 치고 그냥 돌아올 때도 부지기수입니다. 이 정도 시기면 괜찮다고 판단해서 방문했으나, 시기가 안 맞아 돌아오고, 시간이 지나 다시 방문했는데 또 시기가 안 맞아 돌아옵니다. 이후에 다시 갔는데 그즈음에 비가 너무 많이 와서 종자가 쓸려 내려가 버릴 때도 있습니다. 일찍 방문했다면 힘들어도 다시 오면 되지만, 이런 이유 때문에 시기를 놓쳐 버리면 그 장소에서 수집할 수 있는 기회는 이미 사라진 것이나 다름없으니 그때는 그저 한 주만 빨리 올걸 하고 후회하는 것 말고는 다른 도리가 없습니다.

이런 경우는 그래도 자연에서 벌어진 일이니 어쩔 수 없다고 할 수 있습니다. 이와 달리 인위적으로 벌어진 상황 때문에 당황하게 되는 경우도 있습니다.

그 지역을 잘 아는 사람에게 구체적인 장소를 듣고 종자를 수집하러 갔는데 막상 가 보니 아무것도 없는 황무지가 펼쳐져 있었습니다. 위치를 대략 알고 간 것도 아니고 정확히 듣고 갔는데 식물은 커녕 아무것도 없으니 어이가 없는 노릇이죠. 장소를 알려 준 이와 전화까지 하면서 실랑이를 하다가 아무리 생각해도 이상해 로드뷰를 확인해 보니 로드뷰 사진에는 큰 바위가 있었습니다. 알고 보니 그 지역에서 산을 깎는 공사를 하는 바람에 주위의 종자고 뭐고 모조리 다 사라져 버렸던 것입니다. 개발은 옳고 그름을 가리기 힘든 문제입니다만, 종자 하나라도 더 구해야 하는 조사팀에게는 재앙이나 마찬가지입니다.

가장 최근에는 강원도 산을 가려고 했는데, 아프리카돼지열병 확산을 막기 위해 방제 부서에서 철조망을 쳐 버리는 바람에 올라가지 못하기도 했습니다. 개발뿐 아니라 바이러스도 조사팀에게는 풀어야 할 난관입니다.

조사팀의 일과

조사팀은 보통 월요일에는 사무실로 출근해 이런저런 행정 업무를 처리하고 화요일부터 금요일은 수집을 위해 산을 다니는 것이 일반적입니다. 짧게는 당일치기로, 길게는 일주일 넘게 다녀오기도 합니다. 안전 문제 때문에 혼자 가는 경우는 없고, 총 일곱 명의 인원이 때에 따라 두 팀이나 세 팀으로 나눠서 가는 편입니다.

구체적인 과정은 이렇습니다. 출발 전에 미리 정한 코스와 계획에 따라 하루에 어디까지 갈 수 있을지를 파악합니다. 어떤 날은 그래도 운 좋게 평지 길만 걷기도 하지만 어떤 날은 온종일 산을 넘어야만 할 때도 있습니다. 종자 수집이 아니라 식물 분포를 확인할 때는 계속 산을 넘으면서 확인하기도 합니다. 기동성 있게 차로 이동해 조사하고 다른 곳으로 이동할 때도 있지요. 온종일 걸을 때는 다소 힘들기도 하지만 이동 방식은 사실 큰 난관은 아닙니다. 문제는 이동 중에 만나는 상황입니다. 산에서 낙석이 떨어져 다칠 뻔하거나 길이 파여 이동하기 힘든 경우도 있습니다. 이 모든 변수는 언제든 발생할 수 있는 일입니다. 조사팀은 그저 종자가 있는 곳을 향해서 갈 뿐입니다.

11월은 종자를 수집하는 막바지 시기입니다. 이때는 대부분 식물이 잎도 다 떨어져 있어서 식물체를 봐도 그 종을 정확히 파악하기 힘듭니다. 이럴 때는 기존 정보를 가지고 확인만 하는 정도인데요. 보통은 봄여름에 다니면서 띠를 묶어 놓은 식물들을 추적, 관찰하는 경우가 많습니다.

다시 방문했을 때 추적, 관찰을 쉽게 하기 위해 띠 등으로 표시를 해 둔다.

봄이나 여름에는 주로 식물체를 수집하고, 꽃이 핀 것을 확인하면서 정확한 좌표를 기록합니다. 나중에 다시 올 것을 대비하기 위해서입니다. 그렇게 하루 종일 다니고, 확인하고, 기록하고, 또 다니고, 확인하고, 기록하는 일의 반복입니다.

밤이 되어 숙소에 돌아와서도 일은 끝나지 않습니다. 수집한 식물체는 빠르게 마르면서 상태가 쉬이 망가지기 때문에 신문지로 하나하나 싸서 보관해야 합니다. 이렇게 신문지로 싸 놓으면 식물이 형태를 유지하면서 말라비틀어지지 않습니다. 신문지가 습기를 흡수해 눅눅해지면 다음 날 다시 새 신문지로 갈아 줍니다. 다소 번거롭지만 이렇게 작업해 두어야 최대한 온전한 상태를 유지할 수 있습니다. 게다가 수집해 온 식물체의 양이 많으면 많을수록, 지체하면 지체할수록 해야 하는 일은 더 늘어나기 때문에 그날 수집한 식물체는 반드시 그날 작업하는 것을 원칙으로 합니다.

여기서 말하는 식물체는 나중에 수집할 종자의 근거가 되는 것을 통칭하는 말로, 종자만을 일컫기도 하고, 뿌리만을 일컫기도 합니다. 물론 식물 개체 전부를 가리키기도 합니다. 즉, 찔레꽃의 씨는 종자이면서 또 식물체인 것이죠. 만약 누가 어떤 종자를 수집해 와서 "이건 찔레꽃씨다."라고 한다고 해서, 그 종자가 정말 찔레꽃의 씨인지, 아니면 찔레꽃과 비슷하지만 다른 어떤 꽃의 씨인지, 혹은 찔레꽃과 전혀 상관없는 식물의 씨인지 그 씨를 심어 성장시키기 전까지는 알 수 있는 방법이 없죠. 야생식물은 종자만 보고서는 종을 구분할 수 없는 경우가 대부분입니다. 어느 정도 유형 관계가 있는 종일수록 종자의 생김새가 비슷한 경우도 많은 편이고요. 그래서 조사팀에서는 종자를 정확히 파악하기 위해 종자를 수집하기 전에 개체의 식물체를 먼저 수집해 그 종자가 어떤 개체인지 알 수 있는 근거를 마련합니다.

식물체 수집 후 보관 과정

채집한 식물을 신문지 사이에 끼워 넣는다.

신문지를 흡습지와 골판지 사이에 놓고 쌓아 채집 지역별로 구분한다.

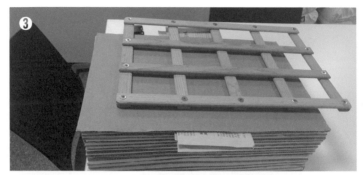

정리가 완료되면 격자무늬로 된 야책 나무판을 아래위로 놓는다.

야책을 끈으로 묶어 고정한다.

정리된 야책을 조사 지역별, 목적별로 구분하여 건조기에 넣는다.

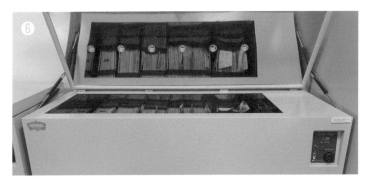

건조기의 온도를 30~40도로 유지하면서 최소 3일 이상 건조한다.

식물체 표본을 만드는 이유

식물체 표본을 만드는 일이 중요한 이유는 또 있습니다. 어떤 종자를 산업화에 이용하려면 가장 먼저 '정말 그 종자가 맞느냐'에 대한 확신이 있어야 합니다. 가령 찔레꽃 종자에서 어떤 성분을 추출해 인체에 이로운 의약품을 만들었는데, 알고 보니 그 종자가 찔레꽃이 아니었다면 어떤 일이 벌어지겠습니까. 모두가 해당 종자를 찔레꽃이라고 철석같이 믿고 있었는데 찔레꽃 종자가 아닌 다른 개체의 종자였다면 다음 공정이나 파생 의약품 개발 때 진짜 찔레꽃 종자를 쓰면서 부작용이 일어날 수 있습니다. 그동안 쌓은 연구 데이터들도 모두 엉터리가 될 테지요. 산업화 연구에 들인 시간과 노력이 모두 물거품이 되어 버리는 일이 생길 수도 있는 것입니다. 식물체 표본을 만드는 일이 중요한 이유입니다.

이렇게 식물체 표본을 모은 뒤, 때가 되면 다시 종자를 수집하러 갑니다. 보통 가을에만 종자를 수집할 거라고 생각하는데 그렇지는 않습니다. 이른 봄에 수집해야 하는 것도 있고, 늦은 가을에 수집해야 하는 것도 있습니다. 평균적으로 한 권역에서 대략 300종 정도를 수집하는데, 8~9월쯤 되면 전체의 30퍼센트가량을, 그 이후에 남은 70퍼센트가량을 수집하는 편입니다.

수집을 할 때 절대적으로 지켜야 하는 일이 하나 있습니다. 조사팀은 결국 복원하기 위해 수집하고, 보존하기 위해 수집합니다. 그래서 개체의 수량이 현저하게 적은 경우에는 수집하지 않는 것을

수집한 식물체

원칙으로 합니다. 이때는 그냥 자생지에서 자랄 수 있도록 하되, 지속적으로 모니터링하면서 관찰합니다. 수량이 많다 하더라도 서식지에 자생 중인 개체의 10퍼센트 정도만 수집해야 한다는 지침도 있습니다. 이런 과정을 거쳐 조사팀이 수집하는 종자는 일 년에 대략 600~900종 정도입니다.

이렇게 식물을 수집하러 다니다 보면 가끔 예기치 않게 재미있는 일이 생기기도 합니다. 한준수는 예전 학부 시절 교수님을 비롯해 다른 동료들과 함께 무려 100년 묵은 산삼을 캔 적이 있습니다. 논의 끝에 그래도 우리가 '식물 하는 사람들'인데 이걸 먹어서 되겠냐며 눈물을 머금고 표본을 만들었다고 합니다. 이 외에도 오래 묵은 더덕이나 도라지를 캐는 일도 자주 있습니다. 고생에 비해 지나치게 작은 행운이 아닌가 싶지만요.

일의 기쁨과 슬픔

세상 모든 일에는 그 나름대로의 기쁨과 슬픔이 공존할 것입니다. 조사팀도 마찬가지입니다. 백두대간수목원에서 이루어지는 모든 연구가 자신들이 수집해 오는 종자로부터 시작된다는 자부심 외에도 자신들이 하는 일 자체에서 소소한 기쁨을 찾기도 합니다. 물론 세상 모든 일이 그렇듯 이런 보람의 이면에는 또 고충이 있기도 하지요.

한준수는 생각만 해도 산이 지긋지긋했던 때가 있었습니다. 그러나 대학 시절부터 박사 과정까지 대략 10년이 넘는 세월 동안 산과 식물을 공부했던 그에게 산은 어찌해도 어찌할 수 없는 목표였고, 풀어도 풀어야 할 것이 남아 있는 숙제였으며, 벗어나려 해도 벗어날 수 없는 밥벌이였습니다. 그에게 버티고 견디는 것 외에 다른 선택지는 없었습니다. 그런 시간을 보내고 나서 지금은 조금이라도 더 산을 다니면서 더 많은 식물체를 수집하고, 꽃을 보고, 종자를 파악하려는 자신을 발견하게 되었습니다.

조사팀의 또 다른 일원인 김현정도 비슷합니다. 여전히 몰랐던 식물을 알아 갈 때, 결실을 잘 맺고 잘 성숙한 종자를 수집할 때 느끼는 쾌감과 기쁨이 있습니다. 직접 농사를 지어 본 적은 없지만 아마 잘 익은 농작물을 수확하는 농부의 마음이 이런 것이 아닐까 싶다고 말합니다.

그러나 한편으로 이 일이 고단한 여정의 연속임은 분명합니다. 한 가정에서 남편이자 아빠인 한준수는 '이 일을 언제까지 할 수 있을까?' 하는 고민을 하지 않을 수 없습니다. 이 일은 반드시 체력이 뒷받침되어야만 하는데, 한 해 한 해 지날수록 몸은 예전 같지 않습니다. 게다가 일주일 내내 집에 들어가지 못할 때도 부기지수입니다.

김현정은 무릎이 많이 상했습니다. 산에 가지 않을 때면 주사를 맞기도 하고, 꾸준히 치료를 받지만 휴식할 수 없는 무릎은 쉬이 낫지 않습니다. 무릎이 아픈 것은 조사팀 사람들 대부분에게 나타나는 직업병이기도 합니다.

그 모든 것들을 감내하고 그들은 여전히 산으로 갑니다. 처음 취재를 위해 한준수와 김현정을 만난 것은 월요일이었습니다. 그들과 다시 만날 수 있었던 것은 일주일 뒤인 다음 주 월요일이었습니다. 그간 수집을 다녀왔고, 다음 날 다시 산으로 떠나야 한다고 말했습니다. 이것이 한준수와 김현정을 비롯한 백두대간산림생물자원보전실의 생물자원조사팀이 지금까지 해 왔고, 앞으로 해야만 하는 일입니다.

조사팀이 찍은 꽃 사진들

동자꽃

둥굴레꽃

모시대꽃

백당나무꽃

영아자꽃

점나도나물꽃

콩제비꽃   피나물꽃

흰젖제비꽃

2

야생식물종자연구실

　야생식물·종자보전부는 야생식물종자연구실, 야생식물산업화
연구실, 시드볼트운영센터로 구성되어 있습니다.

　야생식물산업화연구실은 간단하게 말해서 식물 종자를 상업적
으로 활용할 수 있는 방법을 연구하는 부서입니다.

　우리나라의 경우는 아니지만 대표적인 예로 밀크시슬을 들 수
있을 것 같은데요. 간 건강에 효과적인 영양제로 알려진 밀크시슬
은 흰무늬엉겅퀴의 성분으로 만들었습니다. 야생식물산업화연구실
역시 식물 종자를 활용해 의약품이나, 화장품을 만들 수 있는 방법
을 연구합니다. 항염, 항당뇨, 항산화 같은 질병 저항 기능을 비롯해
다양한 가능성을 열어 놓고 연구하는데, 이런 연구를 계속한다면

언젠가 한국의 자생식물을 활용해서 밀크시슬보다 더 활용 가치가 높은 약을 만들 수 있을 것입니다.

시드볼트와 직간접적으로 관련 있는 곳은 야생식물종자연구실(이하 연구실)입니다.

시드뱅크 운영과 종자의 검사

앞서 조사팀에서 수집해 온 야생식물 종자들이 일 년에 대략 600~900종이라는 이야기를 했었는데요. 수집한 종자들은 일단 전부 연구실로 보냅니다. 이 종자를 전수 검사 하여 저장하는 것이 연구실이 하는 첫 번째 일입니다. 구체적인 과정은 이렇습니다.

① 정선과 건조

산에서 가지고 온 종자는 우선 1차 건조 과정을 거칩니다. 종자가 습기를 많이 포함하고 있으면 빨리 상할 수 있고, 앞으로 진행할 이런저런 검사에도 문제가 발생할 수 있기 때문입니다. 1차 건조를 마친 종자가 거치는 다음 과정은 정선인데요. 산에서 수집한 종자는 당연히 온갖 이물질이 붙어 있을 수밖에 없겠죠. 흙이 묻어 있을 수도 있고, 종자 외에 다른 잎이나 뿌리 같은 것들이 딸려 오기도 합니다. 정선이란 이런 이물질을 걸러 내는 작업을 말합니다.

종자와 이물질의 크기가 다른 경우 체sieve로 걸러 내기도 하고, 종이로 키를 만들어서 키질을 하기도 합니다. 딱딱한 껍질 안에 종자가 숨어 있는 것들은 절굿공이로 깨뜨려 종자만 분리하기도 하고, 과육이 있는 종자는 물에 불려 종자만 따로 꺼내기도 합니다. 정선 방법은 총 9가지가 있는데, 종자 상태에 따라 한 과정만 진행하기도 하고 몇 가지 과정을 섞기도 합니다.

정선실

건조실

② 검사

1차 건조와 정선이 끝난 종자들은 이제 다양한 검사를 거칩니다. 우선 엑스레이 검사가 있습니다. 이를 통해 종자의 충실률을 알아볼 수 있는데요. 충실률이란 종자의 속이 얼마나 차 있는가를 말합니다. 종자도 속이 꽉 차 있어야 잘 자랄 수 있습니다. 속이 너무 비어 있는, 즉 충실률이 낮은 종자는 거의 대부분 생장하지 못하므로 죽은 것이나 다름없습니다. 이런 종자는 시드볼트에 보관했다가 다시 꺼낸다고 해도 역시 생장하지 못할 가능성이 크겠죠. 엑스레이 검사를 통해 종자의 충실률이 너무 낮으면 조사팀과 협의해서 폐기하기도 합니다.

간혹 특정 시기에 수집한 종자가 거의 대부분 충실률이 낮은 경우도 있습니다. 연구실은 이 정보들을 데이터화해서 어느 시기에 어느 종자는 수집하면 안 된다는 것을 조사팀에 전달합니다. 조사팀 역시 이 정보를 토대로 시기나 종자 등 수집 계획을 다시 세우는 것이죠.

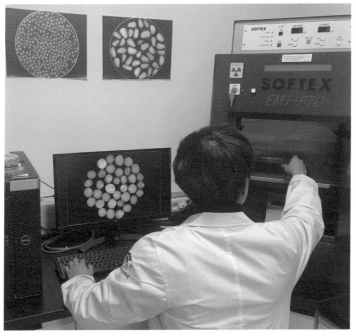

종자 충실률 검사

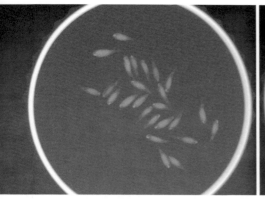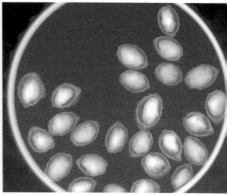

종자 엑스레이 사진

엑스레이 검사를 통해 종자의 충실률을 파악했다면 다음으로는 발아 검사를 진행합니다. 높은 충실률이 그 종자가 반드시 살아 있는 종자라는 확증은 아닙니다. 때로 충실률이 좋지만 죽어 있는 종자가 있을 수도 있습니다. 그래서 엑스레이 검사를 통과한 종자 중 일부를 가지고 발아 검사를 진행합니다. 여기서 무사히 잘 발아된 종자군은 문제없이 다음 단계로 갑니다.

발아 검사에서 발아하지 않았다고 해서 끝은 아닙니다. 이때는 종자가 죽어 있어서 발아하지 않은 것일 수도 있지만, 종자가 살아 있는데 다른 여러 가지 이유로 발아하지 않았을 수도 있습니다. 그래서 이런 종자들은 활력을 알아보는 테트라졸륨 테스트TZ-test를 진행합니다.

이 작디작은 씨앗도 살아 있는 생명체입니다. 그렇기 때문에 호흡이라는 것을 하죠. 종자 호흡의 유무를 통해 생존을 확인하는 방법이 테트라졸륨 테스트입니다. 종자를 테트라졸륨이라는 특수한 용액에 담그고 일정한 시간 동안 관찰합니다. 만약 종자가 살아 있어 호흡을 한다면 이산화탄소가 발생하게 되는데요. 테트라졸륨 용액은 이산화탄소와 반응하면 붉은색으로 변합니다. 만약 죽은 종자라면 아무런 반응도 일어나지 않을 것이고요. 보통 붉은색으로 변하는 부분이 많으면 많을수록 활력이 좋다고 판단할 수 있습니다. 시드볼트나 뱅크에 들어가려면 활력이 적어도 50퍼센트 이상은 되어야 합니다.

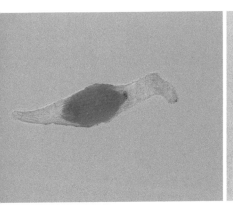

종자 테트라졸륨 테스트 전, 후

③ 2차 건조

발아 검사에서 무사히 발아했거나, 혹은 테트라졸륨 테스트에서 활력이 어느 정도 이상이 되었다는 것이 검증된 종자는 한 번 더 건조를 진행합니다. 영하 20도의 차디찬 냉동고에 들어가기 위해서는 수분이 없어야 하기 때문입니다. 종자에 수분이 남아 있으면 저장고에 들어갔을 때 얼어 버릴 수도 있고, 내부가 부풀어 종자가 깨질 수도 있겠죠. 그래서 온도 15도, 상대습도 15퍼센트의 건조실에서 완전히 건조하는 과정을 거칩니다.

④ 그 이후

연구실에서는 이런 실험 결과를 각 부서와 공유하고, 협의를 거쳐 시드뱅크로 보낼지, 시드볼트로 보낼지, 혹은 양쪽에 중복 보존할지를 결정합니다. 만약 시드볼트에 없는 종이거나, 희귀식물이라면 한두 점만 건강하더라도 나중에 종자가 없어질 때를 대비해 시드볼트에 전량 보내는 경우도 있지만, 이렇게 특수한 경우가 아니라면 대부분은 시드볼트와 시드뱅크에 중복 보존 하는 것이 일반적입니다.

시드뱅크는 시드볼트와 그 목적은 다르지만 조건이나 설비 운영 방식은 완전히 같습니다. 연구실에서 입고와 반출이 비교적 자유로운 시드뱅크를 운영하면서 지속적으로 종자들이 살아 있는지 체크하는 과정을 통해 시드볼트에 보관된 종자들도 같은 수준에 있을 것이라는 신뢰성을 기대할 수 있습니다.

시드볼트로 보내기로 한 종자들이 있다면 연구실에서 이렇게 정선과 건조까지 끝낸 후 데이터와 함께 이관을 시키는데요. 그때부터 종자 관리와 책임은 시드볼트로 넘어가게 됩니다.

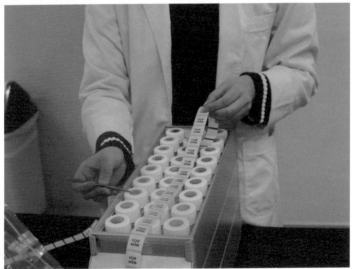

종자를 개체별로 나눠 레이블링하는 모습

시드뱅크 내부

시드뱅크에 종자를 입고하는 모습

종자 연구

연구실의 또 다른 일은 종자 연구와 관련 있는 여러 사업들에 관한 것으로, 굵직한 것만 몇 개 소개하겠습니다.

첫 번째는 종자정보구축 사업입니다.

현재 우리나라는 야생식물에 관한 정보 자체가 매우 부족한 실정입니다. 물론 야생식물 연구의 중요성을 인식한 후부터는 해당 분야에 투자를 늘리고 연구를 지원하면서 관련 기술을 급속도로 성장시켰습니다. 그 결과 어느덧 세계 최고 수준이라고 할 수 있을 정도까지 올라왔지만, 연구에 쏟은 물리적 시간 자체가 워낙 짧아 세밀한 면에서 부족함이 있는 것 또한 사실입니다. 이에 연구실은 총체적이면서도 기술 집약적인 연구와 실험을 통해 관련 정보를 심도 깊게 구축하고 있습니다.

두 번째는 산림 내 한국형 작물야생근연종KCWR 사업입니다.

KCWR는 국외 사업을 참조하여 시행한 사례인데요. 간단하게 설명하자면, 야생식물의 원품종 혹은 계통 품종을 연구하는 일이라고 할 수 있습니다. 즉 재배작물의 원래 야생종을 찾거나, 가장 가까운 야생식물을 연구해 향후 작물에 문제가 생겼을 때 대응하기 위한 방안을 마련하는 일입니다.

우리가 먹는 벼, 보리 등의 기원을 따져 보면 모두 야생식물 종자였습니다. 그것을 인간들이 먹기 좋게 바꾸고, 일정하게 발아할 수 있도록 개량한 것이 재배작물 종자라고 할 수 있습니다. 식물을 다루는 일을 하는 사람들 사이에서 벼는 절대 멸종하지 않는다는 말이 있습니다. 벼는 인간이 삶을 영위하는 데 반드시 필요한 요소 중 하나이므로, 그만큼 많은 연구를 진행했습니다. 이 축적된 연구의 양은 위기 극복, 즉 특정 생물을 살아남게 할 수 있는 지식을 의미합니다. '벼는 절대 멸종하지 않는다'는 믿음은 바로 여기에서 출발하는 것이지요.

하지만 야생식물은 워낙 종류도 많고, 인간의 삶에 필요한지를 따지는 유용성 연구 역시 아직 많은 부분에서 미답 상태입니다. 게다가 야생식물은 재배작물에 비해 발아도 쉽지 않고, 모양도 균일하지 않습니다. 그래서 야생식물 종자 연구는 더딜 수밖에 없고, 밝혀내야 할 여러 정보를 찾고 연결하는 데 어려움을 겪습니다. 하지만 이 말은 동시에 지금까지와는 다른, 새로운 정보와 길을 찾아낼 가능성이 열려 있다는 것을 의미하기도 합니다.

구체적인 연구 분야

연구실에는 부장과 실장을 포함해 총 17명의 전문가가 각 분야에서 다양한 연구를 진행하고 있습니다. 이들이 하는 연구는 대략 다음과 같습니다.

저장특성 연구

시드뱅크와 시드볼트에 들어갈 수 있는 종자들은 일반적으로 건조한 상태에서 오래 견디는 것들입니다. 야생식물 종자들 중에서는 건조를 시키는 그 순간 죽어 버리는 것들도 있습니다. 밤나무나 참나무 열매 같은 것들이 대표적인데요. 저장특성 연구에서는 이렇게 저장이 가능한 종자와 가능하지 않은 종자를 확인하는 작업을 비롯해 저장이 가능하지 않은 종자는 왜 가능하지 않은지, 어떻게 하면 이런 종자들까지 저장할 수 있을지 두루 연구합니다.

저장수명 연구

시드뱅크에 저장된 종자는 일정 시간이 지남에 따라 생리·생화학적 변화 등 여러 원인으로 활력이 저하됩니다. 이를 막기 위해서는 종자의 저장 수명을 예측하고 갱신 주기를 설정하여 건강한 종자를 지속적으로 교체해 가며 보관해야 하는데요. 이와 관련한 연구를 저장수명 연구라고 합니다.

어떤 종자가 시드볼트 안에 들어갔다면 그 종자는 이제 100년

종자 오염 방지를 위한 종자 소독 과정

뒤에 나올지, 1,000년 뒤에 나올지, 아무도 알 수 없습니다. 그렇다면 시드볼트에 들어간 종자가 100년 뒤에도 무사히 싹을 틔울 수 있을지 파악하려면, 100년이 지나 봐야 알 수 있을까요? 물론 그렇지 않습니다. 100년 뒤에도 싹을 틔울 수 있을지 없을지 알아내기 위해 과학이라는 것이 있는 것이니까요.

우선 종자의 수명은 특성에 따라 1년부터 1,000년 이상까지 다양한 범위로 나타나는데요. 국제적으로 통용되는 '종자 수명 공식'이 있습니다. 이 공식에 필요한 계수를 밝히기 위해 연구실에서는 온도별, 습도별로 인공노화 처리를 합니다. 이런 인공노화 처리 덕분에 100년이라는 물리적 시간을 거치지 않아도, 100년 뒤 종자의 수명을 예측할 수 있는 것이죠.

이렇게 수명 예측을 할 수 있는 단계에 이르면 종자의 활력 감소 추이를 탐색하는 것도 가능해지고, 수명과 관련된 생리·생화학적 변화 물질을 분석하여 수명 감소 원인을 밝히는 것도 가능해집니다.

이처럼 다양한 연구를 하는 궁극적인 목적은 훗날 종자가 필요한 상황이 올 때, 그 종자가 건강하게 살아 있을 수 있도록 하는 것입니다. 시드볼트가 다음 세대를 위해 현세대가 치열하게 고민한 결과물이자 빛나는 성취인 이유가 여기에 있습니다.

발아유효온도 연구
종자가 발아할 때 설정한 각각의 온도에서 얼마나 잘 자라는지를 실험하는 일입니다. 식물은 종별로 자랄 수 있는 온도가 다르고, 각 온도 조건에 따라 나타나는 반응도 다르기 때문에 종별 온도가 발아에 미치는 영향을 알아내는 것은 매우 중요합니다.

연구실에는 약 60여 개의 셀을 가진 미세온도구배발아기Thermal Gradient Plate라는 기구가 있습니다. 이 기구에 있는 각 셀의 온도를 다르게 설정합니다. 그리고 각 셀에서 종자가 각기 얼마나 발아하는지, 발아하는 데 며칠이 걸리는지 등을 검정한 후, 모델링을 비롯한 다양한 통계 방법을 통해 결과를 정리합니다.

이 실험을 통해 식물 종에 따른 최적의 발아 온도는 물론, 발아가 가능한 최저 온도와 최고 온도인 발아 한계 온도 등을 파악하는 것이 가능해지는데요. 이 연구가 성과를 거둬 데이터 등을 축적해

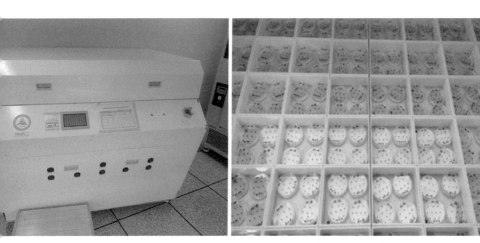

미세온도구배발아기, 각 셀마다 온도를 다르게 설정해 다양한 통계를 낼 수 있다.

두면 나중에 종자를 활용하여 해당 개체군을 복원할 때 최적의 파종 시기나 방법 등을 결정하는 데 도움이 됩니다. 시드볼트에 잠들어 있던 종자를 반출해야 할 때, 종자의 특성에 따라 기온이 너무 낮은 3월이나 너무 높은 8월은 피해야 하고 6월에 파종하는 것이 좋다는 식의 정보를 제공함으로써, 복원에 필요한 종자 소비와 시행착오를 최소화하는 동시에 인력 낭비 또한 줄여 가장 효율적인 복원이 가능해집니다.

휴면타파 연구

휴면타파는 말 그대로 잠들어 있는 종자를 깨우는 방법입니다. 휴면타파 연구는 예전부터 종자 연구의 중요한 파트로 인식해 왔는데, 현재는 휴면의 유형도 잘 정리되어 있고, 각 유형에 따라 어떻게 타파해야 하는지도 비교적 정립이 잘되어 있습니다. 다만 우리나라 야생식물이 어떤 휴면 유형인지에 관한 연구는 아직 부족한 실정입니다. 그래서 휴면타파와 관련해서는 야생식물의 휴면 유형에 관한 연구를 집중적으로 하고 있습니다. 어떤 휴면 유형인지를 알면 그에 따라 가장 알맞은 방법을 적용해 타파하면 되는 것이죠.

예를 들어 콩 같은 종자는 표면이 딱딱하기 때문에 사포 같은 것으로 문질러 표면을 깨뜨리는 것만으로 휴면타파가 가능합니다. 이렇게만 하면 오랫동안 잠들어 있던 종자라고 해도 스스로 물을 흡수해서 싹을 틔울 수 있습니다. 반면 특수한 화학 약품 처리를 해야만 휴면에서 깨어나 싹을 틔우는 종자도 있습니다.

유전다양성 연구

재배식물은 모든 종자가 같은 유전 정보를 가지고 있지만 야생식물은 그렇지 않습니다. 같은 종자라도 유전 정보가 다양합니다.

최근 구상나무를 다각도로 연구했는데요. 제주도에 분포한 구상나무와 지리산에 분포한 구상나무 유전 정보가 다르다는 결과가 나왔습니다. 이 결과를 토대로 구상나무 유전 정보를 연구하면 제주도에 있는 구상나무가 사라졌을 때 지리산에 있는 구상나무를 가져다 심어도 괜찮은지, 괜찮지 않다면 어떤 부분을 어떻게 해야 지리산에 있는 구상나무가 제주도에서도 자랄 수 있는지 파악할 수 있는 길이 열릴 것입니다.

조금 다른 이야기지만 이런 유전 다양성 때문에, 시드볼트는 같은 종자라도 각 지역의 종자를 최대한 많이 확보하기 위해 노력하고 있습니다. 사실 제주도의 구상나무가 멸종한다면 복원을 위해서는 제주도에 있던 구상나무 종자를 보내는 것이 가장 좋고, 지리산의 구상나무가 사라졌다면 지리산에서 가지고 온 종자를 보내는 것이 가장 좋기 때문입니다. 이 연구는 만에 하나, 그럴 수 없을 때를 대비하는 것이라고 할 수 있습니다.

이 외에도 저장 수명과 관계있는 물질이나 관련 호르몬 같은 것을 연구하는 생리지표 연구, 종간의 유형관계 연구, 바이러스 연구, 유용성 연구 등 연구실에서는 야생식물과 관련한 거의 모든 부분을 총망라해 연구를 진행하고 있습니다.

조사팀의 실제 목적이 수집이 아니라 복원에 있는 것처럼 연구실 또한 크게 다르지 않습니다. 저장 특성, 저장 수명, 유효 온도, 유전 다양성 등등 모든 연구 이유와 목적은 결국 시드볼트에 저장되어 휴면하고 있던 종자가 시간이 많이 흐른 후에도 문제없이 깨어나 잘 자랄 수 있도록 하기 위해서입니다.

그밖에도 연구실에서는 종자 주권 확보 및 활용, 활성화라는 거대한 목적 아래 훨씬 더 폭넓고, 다양한 연구를 이어 가고 있습니다.

냉정히 말해서 우리나라는 아직까지 야생식물을 작물로 재배하거나 생산하는 기술이 많이 부족한 실정입니다. 특히 야생식물 종자는 시드볼트가 아니라도 휴면을 통해 보관하는 경우가 굉장히 많은데, 그냥 뿌려서는 제대로 생장한다는 보장이 없습니다. 그래서 연구실에서는 이런 다양한 연구를 통해 관련 데이터를 최대한 많이 쌓아 놓고 있습니다. 향후 복원이나 재배 때 활용하기 위해서입니다.

야생식물종자연구실의 일과

2019년 1월 연구실에 들어온 정영호는 발아유효온도를 연구합니다. 조사팀의 일이 다른 변수, 다른 환경, 다른 종자와 씨름하는 일이라면 연구실의 일은 같은 조건, 같은 시간에서 매일매일 조금씩 달라지는 종자의 상태를 꼼꼼히 살펴야 하는 일입니다.

정영호가 출근해서 가장 먼저 하는 일은 미세온도구배발아기를 확인하는 것입니다. 이 예민하고 복잡한 기구가 밤새 잘 있었는지 어디 이상은 없는지 안부를 살핍니다. 정영호에게 이 기계는 전쟁터에 나간 군인의 총과도 같습니다. 군인이 총을 소중히 다루듯, 정영호도 기계가 최상의 상태를 유지할 수 있도록 보살핍니다. 정영호의 손길 아래에서 기계는 이상 없이 돌아가고, 언제나 일정한 실험 온도를 유지합니다.

그에게는 늘 세 개의 과제가 주어져 있습니다. 모든 과정을 끝마치고 결과를 도출한 연구가 있고, 지금 진행하고 있는 연구가 있고, 앞으로 해야 할 연구가 있습니다. 기계 점검을 끝내면 사무실로 올라와 과거에 했던 연구를 정리하고, 미래에 해야 할 연구를 계획합니다. 동시에 국내외 관련 논문이나 보고서를 찾고, 발아유효온도와 관련한 최신 연구 트렌드를 확인합니다. 또한 연구 외에 밤새 쌓인

발아유효온도 범위 탐색을 위한 실험 준비

메일이나 열람 문서 등을 확인하며 다양한 행정 업무를 처리하기도 합니다.

그러다 오후 3시가 되면 발아 검정을 합니다. 이 일과 또한 변하지 않습니다. 언제나 같은 시간, 같은 조건에서 같은 종자의 변화를 확인하는 것이 발아유효온도 연구의 핵심입니다. 어제는 오후 5시에 확인하고, 오늘은 저녁 7시에 확인하고, 내일은 오전 9시에 확인하면 그 결괏값은 신뢰할 수 없을 것입니다. 그래서 정영호의 일은 어제와 오늘이 다르지 않고, 오늘과 내일이 다르지 않습니다. 이런 반복된 일과 속에서 어제와 달라진 오늘의 결과를 기록하고, 분석하고 그것에 따른 결론을 도출해 냅니다. 그런데 일의 진행 과정은 다르지 않으나 그 과정이 낳는 결과는 매번 달라지는 새로운 일이기도 합니다. 그가 초병의 마음으로 이 일에 임하는 이유이기도 합니다.

연구실의 전체 과정을 지휘하고, 통제하고, 조율하는 것은 실장인 나채선의 업무입니다. 오스트리아에서 종자 연구를 했던 그녀는 처음부터 야생식물 종자 연구를 하고 싶었지만 당시만 해도 국내에는 마땅한 기관이 없었습니다. 그러다 백두대간수목원이 우리나라에 생기고, 시드볼트와 시드뱅크, 그리고 연구실도 같이 만들어진다는 소식을 듣고 오스트리아와 한국을 두 번 왔다 갔다 한 끝에 연구실에 들어오게 되었습니다. 2017년의 일입니다.

시스템도 정립되지 않았고, 인력도 구성되어 있지 않은 상황에서 고군분투해야 했던 때가 있었습니다. 그렇게 맨땅에 헤딩하듯 외국에서 배운 것을 활용하고, 시스템을 도입하면서 기관에서 할 수 있는 연구와 종자 사업을 발굴해 왔습니다.

가끔 사람들이 왜 학교에 가지 않고 여기 있냐고 물어 올 때가 있습니다. 나채선은 학교에서 할 수 있는 연구가 있고, 기관에서 할 수 있는 연구가 있다고 생각합니다. 시드뱅크와 연구실에서 진행하는 모든 연구 결과와 데이터는 일반에게 완전히 무료로 공개합니다. 게다가 아무런 조건 없이 산업체와 기업에서 다양하게 활용할 수 있도록 합니다. 시간이 지나고, 연구 결과가 더 쌓인다면 관련 산업이 더 발전할 수도 있고, 새로운 일자리가 생길 수도 있고, 치료제를 개발할 수도 있을 겁니다. 기관에서 해야 할 연구란 결국 인간을 위한 연구이고, 공공의 이익을 위한 연구일 것입니다. 이것이 나채선과 정영호가 하는 일입니다.

하나의 종자가 시드
볼트로 가기까지

기탁

1

종자의 기탁

기탁 목적

종자가 시드볼트 안으로 들어가는 경우는 조사팀에서 수집하는 것 말고도 또 있습니다. 국내외 기관에서 종자를 맡기는 경우인데요. 이것을 기탁이라고 합니다. 시드볼트는 식물과 관련이 있는 기관이나 종자를 가지고 있는 기관에 중복 보존을 권하고 있습니다. 종자를 해당 기관과 시드볼트에 나눠 보관하도록 유도하는 것이죠. 컴퓨터 작업으로 치면 중요한 파일을 따로 모아 두는 백업과 비슷한 개념이라고 할 수 있습니다.

시드볼트가 존재하는 이유는 '만일을 대비하기 위해서'입니다. 여기서 발생할 수 있는 만일의 경우란 전쟁, 산불, 기후 변화, 지진 등 그야말로 다양합니다. 그렇다면 시드볼트가 그 목적을 다하기 위해서는 최대한 다양하고 많은 종자를 보유하고 있어야 하는데, 조사팀에서 수집하는 종자만으로는 그 한계가 명확합니다. 그래서 입수 경로를 다각화하려고 하는 것입니다.

종자를 보유하고 있는 기관의 입장에서도 미래에 어떤 일이 벌어질지 모르기 때문에 시드볼트를 보험처럼 이용하는 것이 좋습니다. 예를 들어 식물원을 가정해 봅시다. 오늘은 별일 없이 평화롭게 관람객들이 왔다가 가고, 가지고 있는 종자도 안전합니다. 하지만 내일도 그러리라는 보장은 없습니다. 식물원에 갑자기 화재가 발생해 대부분의 식물이 불에 타 버리는 일이 발생했을 때, 시드볼트에 종자를 중복 보존 했다면 훨씬 수월하게 다시 복원할 수 있을 것입니다.

시드볼트는 2015년 12월에 처음 종자를 저장하기 시작해, 2021년 12월 31일 기준으로 총 137,880점을 저장하고 있습니다. 이 중 수집한 종자와 기탁받은 종자의 비율은 1:4 정도입니다. 수집한 것보다 기탁받은 종자가 훨씬 더 많습니다만 이 비율이 큰 의미를 지니는 것은 아닙니다. 더 중요한 것은 보존하고 있는 종자의 개수입니다. 스발바르 시드볼트가 약 108만여 점의 종자를 저장 중이고 (2021년 12월 기준), 전 세계적으로 밝혀진 야생식물이 30만~50만 종이라는 점, 그리고 시드볼트가 저장할 수 있는 종자가 200만 점이라는 것 등을 감안하면 아직 가야 할 길은 멉니다. 시드볼트는 더 알려져야 하고, 더 많은 종자를 기탁받아야 합니다. 그럴 때 비로소 시드볼트가 가진 크고 원대한 포부를 이룰 수 있습니다.

기탁의 방식과 블랙박스 시스템

시드볼트는 기탁받은 야생식물 종자를 무상으로 보관할 뿐 종자의 소유권은 오롯이 기탁 기관에 있습니다. 설립 초기에는 국외 기관은 물론이고, 국내 기관마저도 시드볼트를 의심하곤 했습니다. 그래서 시드볼트운영센터 멤버들은 처음엔 "시드볼트? 그게 대체 뭔데 우리 종자를 맡아 준다는 겁니까?"라는 불신과 싸워야 했고, 나중에는 "우리가 잘 보관하고 있는 종자를 대체 왜?"라는 의문을 풀어 주고 설득해야 했습니다. 지금이야 사정이 좀 나아졌지만 이 싸움과 설득은 여전히 계속되고 있습니다.

이 모든 불신과 의문을 설득만으로 불식시킬 수는 없는 노릇입니다. 그래서 시드볼트운영센터(이하 운영센터)에서는 국내와 국외 네트워크 담당을 두어 지속적인 신뢰 관계를 쌓기도 하고, 그 나름대로의 시스템을 고안하기도 했습니다.

원래 시드볼트에서는 종자를 유리병에 넣어 입고했습니다. 관리 측면에서는 효율적이었지만 이 방식 때문에 일부 기탁 기관들은 '우리의 종자를 한두 개쯤 몰래 빼돌려서 실험을 하거나 증식을 시킬 수도 있다'는 의심을 품었을 수도 있습니다.

종자는 단 한 알만 있어도 얼마든지 증식시킬 수 있습니다. 그렇게 얻은 종자를 잘 연구하면 무기가 될 수도 있고, 식량 자원이 될 수도 있고, 의약품이 될 수도 있습니다. 전 세계적으로 종자 연구가 본격적으로 이루어지면서 그 중요성이 점점 커지고 있는 실정입니다. 다른 말로 표현하자면 종자는 '돈'이 될 수 있는 무궁무진한 가능성을 품고 있습니다. 다른 나라 입장에서 생각해 보면, 자신들이 종자를 보관할 기술력이 부족하니 그에 대한 대비책으로 시드볼트에 종자를 기탁하고 싶어도 과연 한국이란 나라에서 우리 종자를 가지고 '딴짓'하지 않고 보관만 잘해 줄지 믿을 수 없었던 것이죠.

그래서 운영센터에서 마련한 것이 발포폴리프로필렌EPP 소재로 만든 보관 상자인데 통상 블랙박스라고 부릅니다. 언뜻 보면 스티로폼(발포스타이렌수지EPS) 같지만 소재는 전혀 달라서 소각 시 유해물질이 발생하지 않고 재활용이 용이하다는 장점이 있습니다. 친환

종자를 병에 보관하던 과거 방식

현재는 블랙박스 시스템을 도입해 신뢰성을 높였다.

경적이면서도 가볍고, 자동차 범퍼나 건축재·단열재에 쓸 만큼 내구성이 우수하죠. 이 박스와 보안 레이블이 만나면서 신뢰성이 높아졌습니다.

　구체적인 과정은 이렇습니다. 먼저 기탁 기관에서 기탁 의사를 밝히면 운영센터에서 만든 블랙박스와 알루미늄 지퍼 백, 일련번호가 부여된 보안 레이블을 보냅니다. 기관에서는 종자를 지퍼 백에 담은 뒤, 블랙박스에 넣고, 보안 레이블로 밀봉한 후, 다시 운영센터로 보냅니다. 보안 레이블의 특성상 박스를 열면 레이블이 훼손되면서 그 흔적이 고스란히 남는 데다, 한번 뜯으면 다시 붙지도 않습니다. 이런 시스템을 통해 각 기관에서 품을 법한 '혹시…?'라는 의심을 사전에 차단할 수 있게 된 것이죠.

다만 이렇게 바뀐 시스템을 달가워하지 않는 기관도 있습니다. 예전에는 그냥 종자만 보내면 운영센터에서 종자를 검수하고, 확인하고, 정선하고, 건조해서 종자를 가장 잘 복원할 수 있는 방식으로 보관했었는데, 이제는 기탁 기관에서 직접 이 모든 것들을 해야만 하니까요. 국가 수목원처럼 시설이 잘 갖춰진 곳이 아닌 작은 식물원이나, 사립 시설에서는 종자의 학명과 국명을 분류하고,* 이물질을 제거하고, 오래 보관할 수 있도록 건조하는 것 자체가 쉽지 않은 일입니다. 전문가가 아닌 일반 개인은 더더욱 그렇겠지요. 그래서 이런 블랙박스 시스템은 기탁의 장벽을 높이는 장애 요인이 되기도 합니다. 이런 단점에도 블랙박스 시스템을 유지하는 이유는 간명합니다. "우리는 당신의 종자를 건드리지 않는다." 이걸 증명하는 일이 신뢰 형성에 있어서 그 무엇보다 중요하기 때문입니다

국가보안시설 지정

운영센터가 넘어야 할 벽은 또 있었는데요. 그 벽의 이름은 안전성입니다. 설득하고 설득해서 종자를 기탁받았다 하더라도, 그걸 '안전하게 보관할 수 있을까?' 하는 것은 또 다른 문제입니다. 처음 시드볼트를 만들었을 당시에는 외부 출입이 비교적 자유로운 상태였습니다. 물론 일반인이 내부까지 들어올 수는 없지만 제대로 된

---

* 식물의 분류와 학명 국명에 관해서는 p.182에서 자세히 설명합니다.

방호시설이라는 것이 갖추어져 있지 않았습니다. 그러다 더 철저한 보안, 더 확실한 관리가 필요하다고 생각해 운영센터는 물론 수목원 차원에서 각고의 노력을 기울인 끝에 2019년 12월 국가보안시설로 정해졌습니다.

그 덕분에 시드볼트는 지금 국가정보원의 관리하에 청원경찰이 상주하고 있으며, 시설유지관리업체도 두고 있습니다. 외부에는 높은 철망으로 방호시설도 갖추게 되면서 시드볼트의 보안은 한층 두터워졌습니다.

이렇게 블랙박스 시스템으로 신뢰성을 높이고, 국가보안시설로 안정성을 담보했으니 이제 충분하냐고 묻는다면 운영센터의 그 누구도 '그렇다'고 대답하지 않을 것입니다. 신뢰와 안정 추구는 부차적인 것이고, 시드볼트의 궁극적인 목표는 '지구의 모든 야생식물 종자'를 '안전하게 보존'하는 것이기 때문입니다. 이런 목표에 따라 운영센터는 지금도 계속 유의미한 변화를 만들어 내고 있고, 조금씩이지만 끊임없이 전진하고 있습니다.

2

시드볼트운영센터
국내·국외 네트워크

시드볼트 국내 네트워크 활동

시드볼트운영센터는 총 여섯 명의 직원으로 구성되어 있습니다.

전체 업무를 핸들링하고, 운영의 키를 쥔 센터장 배기화, 구체적인 업무를 책임지고 국내 네트워크를 담당하는 팀장 이하얀, 국외 네트워크를 담당하는 대리 이안도성, 종자의 저장 업무를 맡고 있는 대리 김진기, 종자 저장 업무를 지원하는 주임 강선아, 홍보를 담당하는 주임 송치현이 그들입니다.

기탁과 관련해서는 각각 국내와 국외로 나눕니다. 팀장이자 동시에 국내 네트워크를 담당하는 이하얀과 국외 네트워크를 담당하는 이안도성이 수탁 업무의 최전선에 있다고 할 수 있는데요. 이하

안은 국내 네트워크 업무는 비교적 수월한 편이라고 말합니다. 물론 이것은 국외와 비교해 그렇다는 것이지 그 일 자체가 쉽다는 뜻은 아닙니다. 그래도 이제는 인지도가 많이 올라가면서 시드볼트에 보존을 의뢰하는 기관도 늘어났고, 저장하는 종자 수 자체도 점점 많아지는 추세입니다. 2019년 5만 점 저장을 돌파한 이후, 2020년 한 해에만 3만 6천여 점을 저장했고, 2021년에는 당초 목표했던 4만 5천여 점을 훌쩍 넘긴 5만 점 이상을 저장했습니다. 2015년에 완공된 이후 5만 점을 돌파하기까지 3년이 넘게 걸렸던 때와 비교해보면 괄목할 만한 성장입니다.

사실 기관 입장에서 생각해 보면 자신들이 보유하고 있는 종자를 반드시 시드볼트에 기탁해야 할 의무는 없습니다. 이하얀은 그저 설명하고, 설득할 뿐입니다. 아무리 열심히 이야기해도 줄 수 없다고 하면 더 이상 할 수 있는 방법은 없습니다. 시드볼트에 종자를 기탁한다 해도 기관이 당장 얻을 수 있는 이득도 없습니다. 간혹 어떤 기관들은 말하기도 합니다. "우리 종자를 맡기면 그 대가로 받을 수 있는 금전적, 제도적 혜택이 있나요?"

아쉽지만 시드볼트는 줄 수 있는 것이 없습니다. 그저 종자를 안전하게 보관할 뿐이죠. 모든 것을 등가 교환 하는 자본주의 사회에서 일방적으로 종자를 맡기게 하는 것이 이하얀이 해야 하는 일입니다. '줄 수 있는 것'을 물어보는 기관들 앞에서 시드볼트가 가진 크고 중요한 가치는 그저 허망한 메아리에 불과했습니다.

이런 시기에도 종자를 기탁하는 개인 식물원이나 지자체에서 운영하는 작은 수목원들이 있었습니다. 역사가 길지 않은 수목원은 종자를 기탁하는 것 자체가 쉽지 않죠. 식물들도 좀 더 자라야 하고, 정선이나 건조하는 과정 자체도 쉽지만은 않으니까요. 하지만 시드볼트가 잘 알려지지 않았던 때였음에도, 시드볼트의 취지에 공감하고 기꺼이 종자를 맡기는 작은 기관들이 있었습니다. 물론 한 번에 몇천 점씩 종자를 기탁하는 농촌진흥청, 국가 수목원, 대학 연구 기관 등 규모가 큰 곳들도 있었지만요. 이런 과정을 통해 기관들이 저마다 기탁한 100점, 500점, 1,000점씩의 종자들이 쌓이고 쌓여 어느덧 시드볼트에 저장된 종자는 13만 점을 돌파했고, 이런 성과들이 주는 보람이 쌓이고 쌓여 운영센터는 여기까지 왔습니다.

예전에는 이런저런 인맥을 통해서 일을 진행했다면, 최근에는 시드볼트를 알고 먼저 연락해 기탁 의사를 밝히는 기관도 점점 늘어나고 있습니다. 그동안은 시드볼트 자체를 모르는 사람들이 대부분이었고, 간혹 들어 본 적은 있어도 시드뱅크와 혼동하거나, 원래 의도와 다르게 알려져 있는 부분들도 많았는데요. 2020년부터 꾸준히 뉴스와 유튜브 등에 소개되면서 오해가 있었던 부분이나, 잘못 알려진 내용들이 바로잡히기도 했고, 특히 2021년 〈유 퀴즈 온 더 블록〉, 〈선을 넘는 녀석들〉 같은 예능 프로그램에 소개되고 나서는 시드볼트 관계자들도 놀랄 만큼 많은 사람의 관심을 끌었습니다. 이렇게 대중적인 인지도가 높아지면서 종자를 보유하고 있는 기관에서도 새롭게 시드볼트를 알게 되는 경우가 많아졌습니다.

시드볼트의 새로운 프로젝트

높아진 국내 인지도를 바탕으로 시드볼트는 이제 단순히 많은 종자를 저장하겠다는 목표를 넘어 국내외적으로 상징적인 의미를 가진 종자를 비롯해 미래세대에 실질적으로 도움이 되는 종자까지 저장할 수 있도록 공격적인 활동을 펼치고 있습니다.

몇 가지를 일별하자면 우선 무궁화 프로젝트가 있는데요. 보통 무궁화라고 하면 1~2개 품종정도를 생각하는 경우가 많지요. 하지만 우리나라 무궁화는 무려 500여 개 품종이 있다고 합니다. 운영센터는 무궁화 프로젝트를 통해 전국 각지에 흩어져 있는 무궁화 품종을 모두 수집해 저장하려는 계획을 가지고 있습니다. 무궁화로 특히 유명한 사립수목원인 천리포 수목원, 홍천 무궁화 수목원, 국립산림과학원 등과 실질적으로 실행계획을 공유하며 저장에 박차를 가하고 있는 중입니다. 전 세계적으로 국화를 가지고 있는 나라는 UN 가입국 기준 204개 나라 중 100개국 정도에 불과합니다. 그런 점에서 모든 무궁화 종자를 저장하겠다는 이 프로젝트는 일반인들에게 다양한 무궁화 종류에 대해서도 알릴 수 있을 뿐 아니라 우리나라의 시드볼트에 우리나라 국화를 모두 저장한다는 상징적인 측면에서도 큰 의미를 가집니다.

이외에도 충북대가 보유하고 있는 양치식물 포자 프로그램을 통해 포자식물의 저장에도 힘을 쏟고 있습니다. 또한 제주생물종다양성연구소와 협업해 산업 소재로 활용할 수 있는 식물 종자를 저장하고 연구하는 프로그램도 시행하고 있습니다.

우리나라에는 비록 일반인들에게는 잘 알려지진 않았지만 각자의 자리에서 식물을 연구하고, 수집하고, 활용하는 다양한 기관과 학자들이 있습니다. 시드볼트는 이제 그 각각의 기관들이 개별로 보유하는 종자를 저장하는 차원을 넘어 시드볼트를 중심으로 흩어져 있는 기관과 사람을 연결해 도움이 되는 지점이 있다면 서로 함께할 수 있도록 하는 구심점의 역할까지 영역을 확대하고 있습니다. 운영센터는 시드볼트가 무엇인지부터 설명해야 했던 시기를 막지나왔습니다. 시간과 노력이 빚어낸 산물입니다. 물론 기쁜 일이고, 한편으로 굉장한 성과이지만 아직 만족하기엔 이릅니다. 왜냐하면 생태 위기라는 거대한 흐름 앞에서 시드볼트가 해야할 역할은 점점 더 늘어나고 있기 때문입니다.

시드볼트가 지역을 복원할 수는 없을까?

대표적으로 2022년 3월에 동해안 지역에서 발생한 큰 산불을 예로 들 수 있겠습니다. 이 대형 산불로 인해 약 15,000헥타르 이상의 산림이 소실되었고, 추산 피해액이 최소 1,689억 원에 달할 정도였는데요. 분명 이때 시드볼트를 떠올린 사람들도 있었을 겁니다. 시드볼트에 있는 종자를 통해 잿더미가 되어버린 산림을 복원할 수도 있을 거라는 기대 같은 것이었죠.

하지만 그 기대는 현실로 이뤄지지 않았습니다. 여기에는 다양한 이유가 있는데요. 지역을 복원하기 위해서는 실로 엄청난 양의

2022년 3월 동해안 지역 산불 당시

종자가 필요합니다. 게다가 자생지의 복원은 생물간 관계부터 토양의 복원까지 복잡하게 얽혀있습니다. 지금 시드볼트가 보유하고 있는 종자의 양이 그 정도까지는 되지 못하는 것이죠. 그동안 시드볼트는 종자의 양보다는 다양성에 더 집중한 측면이 있습니다. 아무래도 종의 멸종에 대비하려면 종자 하나하나의 개수가 적더라도 다양한 종류의 종자를 보존하는 편이 훨씬 나을 테니까요.

그런 노력 덕분에 이제 멸종위기에 처해있는 희귀 종자를 다량 보유하면서 멸종에 대한 대비는 어느 정도 되었다고 할 수 있는데요. 배기화 센터장을 필두로 한 운영센터는 이제 다음 발걸음을 향한 준비를 하고 있습니다.

파괴된 서식지를 복원하기 위해 저장하는 종자의 양을 늘리기 위한 다양한 계획을 수립하고 실행하고 있는 것인데요. 이를테면 황장목 종자 같은 우리나라 주요 자생식물들이 자라는 울진이나 고성 지역을 중심으로 자생지에서 대량으로 종자 수집을 하기도 하고, 지자체에서 관리하는 민통선 산림유전자원보호구역에 있는 종자가 대량으로 들어올 예정이기도 합니다.

특히 괄목할 만한 성과는 문화재청과 협약을 맺어 천연기념물 종자를 저장하기로 한 일입니다. 우리나라에는 최소 300년에서 500년까지 자란 노거수만 해도 170여 개체가 있습니다. 시드볼트와 문화재청은 총 5년에 걸쳐 이런 노거수 종자를 모두 저장하기로 뜻을 모았습니다. 천연기념물이라는 게 하나의 나무를 말하기도 하지만, 동시에 천연기념물 개체가 자라는 지역을 뜻하기도 하는데요. 대표

문화재청과 협약 체결

적으로 청와대 안에 보호 수림이 모여있는 지역 같은 곳을 예로 들수 있겠습니다. 시드볼트에서는 동백림이나 활엽수림 같은 천연기념물 나무의 저장 뿐 아니라 그 범위를 지역으로 확장해 함께 저장할 계획입니다. 이렇게 되면 자연재해로 인해 천연기념물이 사라지거나, 천연기념물로 지정된 지역이 황폐해져도 복원이 가능해진다는 장점이 있습니다.

어떤 사람들은 어차피 나무가 아니라 종자로 저장하는 만큼 500년 된 노거수 종자를 저장하는 것과 이제 막 자란 나무의 종자를 저장하는 건 별 차이가 없다고 생각하기도 하는데요. 글쎄요. 배기화의 생각은 좀 다릅니다. 500년을 살았다면 유전적 측면에서 다른 점이 있을 수도 있고, 거기에 다양한 기후정보도 녹아있을 수 있다는 것이죠. 물론 아직 확증할 수 없는 일이고, 더 많은 연구도 필요합니다. 다만 일말의 가능성이 있다면 하지 않을 이유는 없다는 생각입니다. 그런 생각과 의지가 시드볼트를 여기까지 오게 한 원동력이기도 하니까요.

동시에 오래된 나무가 가진 상징적인 의미도 있습니다. 그 나무가 곧 시대상을 반영하고 있다고 볼 수도 있기 때문입니다. 최근 드라마 덕분에 유명해진 일명 '우영우 팽나무'도 천연기념물 지정이 예고되었는데, 조만간 시드볼트 안으로 들어오게 될지도 모르겠습니다.

천연기념물 종자를 블랙박스에 넣고 있는 모습

지역을 복원하기 위해서는 당연히 수목원 차원에서의 대비도 필요합니다. 설령 시드볼트 안에 종자가 충분히 있다고 해도 그걸 반출해 무작정 심는다고 끝나는 일은 아닙니다. 이를테면 종자를 대량으로 양묘하고 증식할 수 있는 증식센터가 필요하겠죠. 현재 백두대간수목원을 중심으로 대형 규모의 산림복원지원센터를 만들고 있는 중인데요. 이 체계가 충분히 잡히고, 시드볼트에도 더 많은 종자가 저장된다면 앞으로는 대형 산불을 비롯한 자연재해로 인한 피해도 어느 정도 복구할 수 있지 않을까 생각합니다.

혹자는 이런 노력을 '소 잃고 외양간 고친다'고 폄훼하기도 하고, 너무 늦었다며 비판하기도 합니다. 그 비판은 온당하고, 그래서 기꺼이 달게 받습니다. 다만 우리는 우리의 할 일을 고민합니다. 소를 잃었으니 지금이라도 외양간을 고쳐야 합니다. 더 튼튼하고, 강한 외양간을 지어야 합니다. 앞으로 이 지구는 더 많은 위기가 닥칠 겁니다. 더 큰 태풍이 몰려올 것이고, 더 큰 산불이 일어날 수도 있습니다. 이미 많은 걸 잃었으니 어쩔 수 없다며 손 놓고 있는 것과 같이 일이 또 반복되지 않도록 대비하고 준비하는 것. 무엇이 더 나은 길인지는 자명합니다.

국외 네트워크 활동

국외 네트워크 활동을 직관적으로 설명하면, 종자를 보유하고 있는 해외의 다양한 기관을 대상으로 그들의 종자를 시드볼트에 기탁할 것을 제안하는 일이라고 할 수 있습니다. 일에 대한 설명은 간단하지만 이해를 구하고 설득하는 과정은 그리 녹록지 않습니다.

예를 들어 우리가 누군가에게 값비싼 물건을 빌려 달라고 했을 때, 친한 사이라면 쉽게 빌려줄 수도 있겠지만 잘 모르는 사이라면 대부분 거절하겠죠. 게다가 그 물건이 잘만 하면 무한으로 증식시킬 수 있는 것이라면 어떨까요? 또 내 것처럼 마음대로 사용할 수도 있는 것이라면 더더욱 경계할 수밖에 없겠죠. 그래서 국외 네트워크 업무의 우선 과제는 '친해지는 일'이라고 할 수 있습니다.

코로나 이전만 해도 해외의 여러 기관과 신뢰를 형성하기 위한 다양한 활동을 해 왔습니다. 가장 쉽고, 분명한 방법은 최대한 자주 만나는 것입니다. 친구 관계든, 비즈니스 관계든, 국가와 국가 관계든 마찬가지죠. 그래서 예전에는 기회가 되면 그 나라에 방문해 시설을 둘러보며 어떤 식물들이 있는지, 종자 저장 시설이 있는지, 전체적인 수준은 어떤지 등을 살폈습니다. 물론 단순히 둘러보기만

타지키스탄과 업무 협약 체결

하는 것은 아닙니다. 식물이 많다고 해도 시드볼트에 저장할 수 없는 경우라면 의미가 없기 때문에 저장하기 쉬운 식물군이 얼마나 분포하고 있는지 미리 파악하는 것이죠. 또 해당 기관이 자체적으로 종자를 보관하기 힘들다면 종자를 기탁할 확률이 높아지므로 시드볼트의 장점을 부각시켜 저장을 유도하기 용이해진다는 측면도 있습니다.

보통 이야기를 나눠 보면 상대 기관에서는 시드볼트에 종자를 기탁하는 대신 연구나 교육을 원하는 경우가 많습니다. 희망하는 연구 주제는 국가와 기관마다 다른데, 외국에서 제안한 연구 주제가 백두대간수목원과 부합할 경우, 수목원 내 적합한 부서를 해당 기관과 연결해 주기도 합니다.

사실 백두대간수목원의 식물 연구 및 기술은 세계 최고 수준이

시드볼트는 비파괴검정실, 종자발아실험실, 종자형태분석실 등 다양한 연구실과 설비를 보유하고 있다.

라고 해도 과언이 아닙니다. 기관 설립 후 물리적인 시간 자체는 길지 않았지만, 적극적인 국가 지원에 힘입어 단기간에 연구 기술 수준이 비약적으로 성장했고, 주사전자현미경·시료코팅기·스펙트럼이미지분석기·액체크로마토그래피·씨앗분석용자기공명분광분석기·유전자증폭기·마이크로플레이트분광광도계 등 여러 첨단 장비를 보유하여 인력적인 측면뿐 아니라 물적 기반 역시 잘 구축하고 있습니다.

백두대간수목원의 정규직이 대략 170명 정도인데, 이 중 80명 정도가 전문직(연구자)이라는 사실만 놓고 봐도 수목원이 식물 연구를 얼마나 중요하게 생각하는지 잘 알 수 있습니다. 또 국립세종수목원을 비롯한 국가 수목원들이 여럿 생기면서 연구하는 인력이

외국 인력들과 공동으로 각종 연구, 협업 등을 추진하기도 한다.

점점 많아지는 추세이기도 하죠.

적극적인 홍보 등을 통해 이런 사실을 잘 알고 있는 동남아시아나 중앙아시아 쪽 나라들은 백두대간수목원에 와서 교육도 받고, 연구 기술을 배우고, 고가의 장비를 다룰 수 있는 기회를 얻기도 합니다. 이런 연구나 교육은 다양한 방식으로 이루어지는데요. 아시아산림협력기구AFoCO나 한국임업진흥원 등 국내 기관에서 주최하는 국제교육프로그램에 참여한 외국 산림 공무원들이 프로그램의 일환으로 수목원에 오는 경우가 있습니다. 이곳에서 짧으면 일주일, 길면 몇 개월 동안 고가의 연구 장비를 다뤄 보기도 하고, 다양한 업무를 수행해 보기도 합니다.

다른 예로는 그 나라의 식물도감 같은 것을 발간하는 것을 돕기도 합니다. 2018년 우즈베키스탄의 페루자 박사 등과 함께 아위속 Ferula 연구를 공동으로 진행하여 2021년 SCI저널(저널명: Flora)에 게재한 바 있고, 산형과Apiaceae 종자 도감(도감명: THE BOOK OF SEEDS - APIACEAE OF UZBEKISTAN)을 영어와 러시아어로 발간하기도 했습니다.

책을 만드는 것도 결국은 돈과 인력이 투입되는 작업인데, 자본이나 기술 등 기반이 부족한 나라는 이마저도 쉽지 않습니다. 큰 계획을 세우고 집행할 예산은커녕 현미경 같은 기초 기자재조차 없는 경우도 많습니다. 쌓아 놓은 데이터는 있는데 이를 도감으로 묶을 만한 힘이 없기도 합니다. 이럴 때 앞의 사례처럼 수목원이 연구 관련 조언은 물론 인쇄와 편집 등 예산과 기술을 지원하는 것이죠.

THE BOOK OF SEEDS
APIACEAE OF UZBEKISTAN
Volume I

우즈베키스탄과 협력해 산형과 종자 도감을 발간했다.

이렇게 각 국가를 방문해 신뢰를 쌓고, 우리나라만의 기술을 전수하기도 하고, 다양한 업무를 경험하게 하고, 논문이나 책 발간 등을 지원하는 이유는 결국 그 나라나 기관이 보유하고 있는 종자를 기탁받기 위한 것입니다.

그렇다면 이런 의문이 들 수 있습니다. "대체 왜 이렇게까지 하는 거지?" 이 질문은 어찌 보면 당연한 것입니다. 그 나라에서 종자를 기탁해 봤자 시드볼트 측에서는 열 수도, 볼 수도, 쓸 수도 없으니까요. 언젠가는 그 나라로 고스란히 돌아가게 될 겁니다. 시드볼트의 의의야 알겠지만 종자를 기탁받기 위해 왜 이렇게까지 해야 하는 것일까요?

이 질문에 이안도성은 이렇게 이야기합니다.

"그런 질문을 정말 많이 받습니다. 외국인들도 의심하곤 합니다. 정말로 자기들의 종자를 다른 곳에 쓰지 않을까? 정말로 안전하게 보관만 할까? 정말 그렇다면 이렇게까지 우리를 지원해 줄 이유가 없지 않을까? 이런 의심이죠.

그런데 저는 이런 상상을 해 봅니다. 만약 시간이 지나고, 이런 노력이 성과를 내서 전 세계 야생식물 종자가 전부 시드볼트에 저장되는 날이 온다면 어떨까요? 우리나라는 세계에서 매우 중요한 국가가 되지 않을까요? 지구의 미래라고 할 수 있는 식물 종자가 모두 우리나라에 있으니까요.

환경 측면에서 세계적으로 문제가 생겼을 때는 또 어떨까요? 우리나라가 전 세계 식물 허브 역할을 할 수 있지 않을까요? 다소 비약적인 생각이 될 수도 있겠지만, 이 허브가 깨지면 지구의 미래도 깨집니다. 즉 우리나라는 곧 지구의 미래가 됩니다. 그렇다면 다른 나라도 우리나라를 함부로 대하지는 못할 테지요. 우리의 땅에 자신들의 미래가 걸려 있으니까요. 결국 세상에서 가장 안전한 시설인 시드볼트로 인해 우리나라는 세계에서 가장 안전한 나라가 될 수 있습니다.

물론 이것은 지금 당장 구체적인 성과가 나오지 않는 사업입니다. 어찌 보면 국외 네트워크 활동뿐 아니라 시드볼트를 둘러싼 모든 일이 마찬가지일 수 있습니다. 지금 당장 시드볼트가 없어진다고 해도 세상은 아무런 문제가 없을 겁니다. 하지만 시드볼트도, 제가 하는 이 일도 결국 미래를 생각하고 준비하는 일입니다."

이 외에도 이유는 또 있습니다. 이곳에 있는 수많은 '식물 하는 사람'은 식물과 기후 변화에 관해서만큼은 전 세계가 같은 목표로 움직여야 한다고 믿습니다. 우리나라 식물이 중요한 만큼 지금 우리나라에 와서 교육을 받는 나라의 식물도 중요하다는 의미입니다.

의약품 타미플루를 예로 들어 보겠습니다. 조류 인플루엔자와 독감의 대표적인 치료제인 타미플루는 중국에서 자생하는 팔각이라는 식물로 만들었습니다. 만약 팔각이 없었다면, 혹은 팔각에 대한 연구를 하지 않았다면 타미플루도 세상에 없었겠지요.

각 나라에는 그곳 풍토에서만 자라는 식물이 있습니다. 다른 나라이므로 그 식물을 연구하기 위해서는 먼저 양해를 구하고 협력 체제를 구축해야 합니다. 하지만 학술 역시 경쟁인 경우가 많으므

타미플루 치료제뿐 아니라 다양한 향신료로도 사용되는 팔각

로 이런 기반을 닦기 쉽지 않습니다. 이때 우리의 기술 전수는 이 문을 열 수 있는 열쇠가 됩니다. 이를 통해 우리는 그 나라와 함께 연구할 수 있는 기회를 얻을 수 있는 것이죠. 도감도 비슷한 맥락입니다. 기술이나 자본을 지원해 우리나라에서 볼 수 없는 식물에 대한 정보가 담긴 도감을 만들게 되면 그 자체가 우리에게도 엄청난 자원이 됩니다. 즉 시드볼트 사업은 단순히 종자 보존만을 위한 것이 아니라 학술적인 연구와 발달까지 도모하는 확장 개념으로 보는 것이 맞습니다.

　게다가 지금 우리나라에 오는 해외 연구원들이 아직은 배우는 입장이라고 해도, 그들이 성장해 자신의 나라에서 무엇인가를 결정할 수 있는 위치가 된다고 가정해 봅시다. 한 시절 한국이라는 나라의 배려와 지원으로 공부했던 기억은 한국에 대한 호의로 이어질 가능성이 높습니다. 이 호의는 결국 그 사람뿐 아니라 그 나라와의 네트워크 형성으로 발전하겠지요.

꼭 이런 관계 형성을 바라고 한 것은 아니지만 국립수목원에서는 해외 인재를 대상으로 한 교육을 2010년 초반부터 진행해 왔고, 그로부터 10년 정도 지난 지금, 우리나라에 왔던 연구원들이 각 나라의 연구 기관이나 식물원에서 중요한 위치를 차지하면서 그들로부터 이런저런 도움을 받기도 했습니다. 2년 전에 우즈베키스탄 박사 연구원을 초빙해서 함께 근무했던 인연이 나중에 우즈베키스탄과의 업무 협약을 비롯한 네트워크 형성 때 큰 도움으로 이어지기도 했고요. 이것으로 "대체 왜 이렇게까지 하는 거지?"라는 물음에 답이 되었을까요.

어쩌면 시드볼트에 관해서만큼은 역사와 시간이 증명할 것이라고 말하면 안 되는지도 모르겠습니다. 시드볼트는 아무 일도 벌어지지 않는 것, 시드볼트가 제 본분을 하지 않아도 되는 세상이 유지되는 것, 그래서 그 안에 있는 종자들이 영원히 밖으로 나오지 않는 것이 가장 좋은 일이기 때문입니다.

어쩌면 이 역설적인 역할 때문에 시드볼트의 미래는 불확실하고, 불투명합니다. 그저 여기, 이곳에, 이런 일을 하는 사람들이 있습니다. 그 덕분에 지금 이 순간에도 지구상의 온갖 야생식물 종자가 불안전한 세상을 피해 안전한 세계로 들어가고 있습니다. 이것만이 유일하게 명확한 사실입니다.

코로나로 인해 막혀 버린 국외 네트워크 활동

코로나는 국내뿐 아니라 시드볼트 국외 네트워크 활동에도 큰
타격을 입혔습니다. 다양한 나라와 접촉하면서 진행하던 것들이 대
부분 멈췄기 때문입니다.

2018년 산림청에서 주관한 제5차 한·러 산림협력위원회에 시드
볼트 의제를 제안한 것을 계기로, 한국과 러시아의 산림청 대표단
이 백두대간수목원을 방문한 적이 있습니다. 당시 러시아 연방 산

2018년 4월, 러시아 연방 산림청 대표단 방문 모습

림청 차장이 직접 와서 시드볼트 시설을 둘러보고 업무 협약을 지시하면서 우리나라와 비교적 가까운 극동 지역의 하바롭스크와 협약 체결이 예정되기도 했었습니다.

하바롭스크는 러시아 극동부에서 가장 큰 도시이자 행정 중심지입니다. 영하에서 견딜 수 있는 나무가 많아 동남아시아 같은 열대 기후의 나라에 비해 상대적으로 저장할 수 있는 종자도 많습니다. 게다가 자체적으로 종자 저장·연구 시설 등을 보유하고 있어 종자가 대량으로 들어올 가능성도 높았죠.

러시아 연방 산림청 관계자는 종자 저장 및 연구, 교육을 원했는데, 우리 입장에서 봤을 때도 그들의 종자 연구 수준이 높은 편이어서 공동으로 연구를 진행한다면 매우 긍정적인 효과가 있을 것으로 판단했습니다. 또한 러시아 측에서도 백두대간수목원과 하바롭스크 간의 업무 협약을 통해 시너지 효과가 나고 성과가 창출되면 네트워크를 러시아 전역으로 확장할 계획을 가지고 있었습니다.

이렇게까지 일을 진행했는데 운영센터에서 러시아로 날아가기 직전, 코로나가 심각해지는 바람에 모든 것이 멈춰 버렸습니다.

이후 코로나가 잠잠해지면서 겨우 서면으로 다시 이야기를 진행했고, 조금씩 진척을 보일 무렵 러시아와 우크라이나의 전쟁으로 인해 또다시 기약 없는 기다림에 놓였습니다.

배기화는 이 전쟁으로 인해 많은 나라들이 러시아와 맺은 협상이나 협약을 폐기하고 있지만 시드볼트만큼은 그래서는 안 된다고 이야기합니다. '전쟁은 전쟁이고 종자는 종자'이기 때문이라는 건데요. 전쟁은 나쁘지만 인류를 위해서는 러시아의 종자도 들어와야 한다고 생각하는 것이죠. 더 많은 종자들이 사라지기 전에 우크라이나든 러시아든 가서 종자를 백업하고 싶은 마음이지만, 외교적으로 풀어야 하는 문제들이 많으니 지금으로선 얼른 전쟁이 끝나길 바라는 수밖에 없습니다.

2019년에는 국제연합식량농업기구FAO 산하 기관인 세계작물다양성재단GCDT의 책임자가 방한한 적이 있습니다. 이때 시드볼트에도 와서 시설을 둘러보았는데, 깊은 인상을 받았던 모양입니다. 본국으로 돌아가 스발바르 시드볼트 측에 이야기했고, 이 덕분에 스발바르 시드볼트 2020 이벤트에 초청받기도 했습니다.

행사 자체가 굉장히 큰 규모였고, 전 세계 식물과 관련한 다양한 기관들이 모두 모이는 자리였습니다. 하지만 아쉽게도 당시 지역에 코로나 확진자가 무더기로 나오는 바람에 결국 스발바르 시드볼트에 저장할 백두대간수목원의 종자만 보내고, 사람은 가지 못했습니다. 세계 각국을 대상으로 시드볼트를 알릴 수 있는 절호의 기회였는데, 두고두고 아쉬움이 남았습니다.

세계산림총회와 세계식물원총회 이야기

코로나로 인해 막혀있던 국외 네트워크 활동은 2022년 들어 다양한 방식으로 물꼬를 트고 있는데요. 2022년 5월에는 서울 코엑스에서 열린 제15차 세계산림총회에 시드볼트가 참여하게 되었습니다. 세계산림총회란 유엔식량농업기구FAO가 주관해 6년마다 개최되는 국제회의로서 산림 분야에서는 가장 큰 영향력을 가지고 있습니다. 이번 세계산림총회는 우리나라 산림청에서 주최해 전 세계 2만 명의 산림인이 우리나라에 방문했습니다. 특히 기조연설에서 문재인 당시 대통령께서 시드볼트를 언급하면서 힘을 실어주기도 하셨죠.

시드볼트도 발맞춰 홍보부스를 만들어 황폐화된 산림을 복원하는 과정과 시드볼트가 어떻게 종자를 보존하는지에 대해 적극 알림으로써 세계 산림인들에게 시드볼트를 각인시키는 중요한 계기가 됐습니다. 이때 기탁 예정 증명서를 만들어 나눠준 것이나, 모의 종

세계산림총회 컨퍼런스

자 기탁 과정을 체험하게 했던 것이 큰 호응을 불러일으키기도 했습니다. 스발바르 센터장 및 수석 큐레이터와 세미나를 열기도 했고요. 시드볼트는 앞으로 캐나다, 이탈리아에서 열릴 세계산림총회에 꾸준히 참석해 시드볼트를 알리는 한편 더 많은 나라와 협약을 맺을 예정입니다.

세계산림총회 당시 시드볼트 홍보 부스

2022년 9월에 열린 제7회 세계식물원총회7th Global Botanic Gardens Congress에 참여한 것도 유의미한 성과를 낳았습니다. 세계식물원총회는 왕립식물원빅토리아RBGV, 국제식물원보존연맹BGCI, 호주·뉴질랜드식물원연합BGANzZ이 주최해 전 세계의 식물원·수목원의 원장부터 직원, 관련 연구자, 교수들이 모두 모여 정보도 나누고, 워크숍이나 심포지엄을 여는 등의 행사를 진행하는 자리입니다. 특히 이번 총회는 기후변화, 식물 보존, 교육 등 총 6가지를 주제로 식물원의 역할에 대해 중점적으로 논의했는데요. 시드볼트운영센터에서는 이하얀, 김진기가 참여했습니다.

세계식물원총회. 각 주제별로 다양한 컨퍼런스와 회의가 진행된다.

　사실 예전에만 해도 이런 유수의 식물원들은 좀 폐쇄적인 경향이 있었습니다. '내 정보는 내 것.'이라는 개념이 강했죠. '식물을 어떻게 활용할 것인가'하는 문제는 어떤 측면에서 보면 엄청난 돈이자 자국의 큰 무기가 될 수 있으니까요. 하지만 지구를 덮친 기후변화라는 위기 앞에서 전 세계의 '식물하는 사람'들은 다른 어떤 집단

들보다 합리적이고 이성적으로 생각하기 시작했습니다.

최근에는 이런 국제행사를 통해 네트워크를 강화하고, 각자의 정보나 연구 결과를 아낌없이 공유하고 확장해, 더 발전시키는 쪽으로 방향을 선회했습니다. 예를 들어 백두대간수목원은 고산식물을 중점적으로 보존하고 있으니 아무래도 그에 대한 연구 결과나 노하우가 많이 쌓여있지요. 그런 내용들을 비롯해, 어떤 일이 발생했을 때의 해결 방법, 혹은 문제점을 공유하면 다른 나라 수목원에서는 자신들이 몰랐던 부분이라면 참고할 수도 있고 한편으로 백두대간수목원이 가진 문제점에 대한 해결 방법을 알고 있다면 그에 따른 구체적인 방법을 제시하거나 함께 고민합니다. 이런 과정을 통해 식물원들은 어디라고 할 것 없이 전체적인 수준을 높이고, 유의미한 정보를 주고받아서 발 빠르게 식물을 지킬 수 있게 됩니다. 이들은 식물에 있어서만큼은 내 정보와 네 정보가 없고, 경쟁이 없어야 한다고 생각합니다. 서로 힘을 모아 식물의 멸종을 막고, 최대한 보존해야만 한다는 사실을 잘 알고 있습니다. 식물을 사랑하고, 환경을 생각하는 마음은 '한국에서 식물하는' 이하얀이나, '호주에서 식물하는' 어떤 연구자나 다르지 않았습니다. 어쩌면 세계 평화란 몇몇 강대국이 가진 핵무기가 아니라 이런 마음에서 유지되고 있는 건지도 모르겠습니다.

한편으로 그 먼 나라까지 간 이상 시드볼트를 홍보하는 일도 게을리 할 수 없습니다. 이하얀과 김진기는 다양한 컨퍼런스에 참여했고, 홍보부스를 만들기도 했습니다. 그 덕분에 인도와 가나의 식

세계식물원총회 시드볼트 홍보 부스

물원에서는 당장 내년에 시드볼트에 종자를 보내는 것에 대해 협의를 요청했고, 현재는 구체적인 방법을 논의하는 단계까지 왔습니다. 아마 큰 무리가 없다면 2023년 하반기에는 인도와 가나의 종자도 시드볼트에 들어오게 될 것입니다.

국제식물원보존연맹과 그 자문기관 관계자들과 미팅을 통해 앞으로 국제적인 기구나 협회에 시드볼트의 목적과 역할을 적극적으로 공유하고 홍보하겠다는 약속을 받기도 했고, 상위그룹인 국제자연보전연맹IUCN에서 먼저 시드볼트 측에 전 세계적인 종자 전문가 그룹에 소개해줄 테니 그들과 연계해 종자를 보존하면 좋지 않겠냐는 제안을 받기도 했습니다. 멜버른 왕립식물원이 속해있는 호주종자은행파트너십ASBP도 시드볼트에 종자 보존을 협력을 약속하기도 했고요.

식물원 관계자에게 시드볼트에 관해 설명하는 이하얀

    물론 아직 직접적으로 종자가 들어온 건 아닌 만큼 이게 무슨 성과냐고 할 수도 있겠습니다. 하지만 전 세계 식물 보존에 대해 강력한 영향력을 가지고 있는 기구들을 대상으로 시드볼트를 알리고, 네트워크를 형성할 수 있는 첫 발걸음을 떼었다는 지점에서 본다면 이 결과를 결코 사소하다고 볼 수는 없을 것입니다.

    운영센터 멤버들은 두 번의 국제행사 참여를 통해 어느 정도 자신감을 얻었습니다. 시드볼트를 제대로 알릴 수 있는 기회만 있다면 어느 나라라고 할 것 없이 우리의 취지와 역할에 공감해 준다는 확신 같은 것이죠. 이 경험을 바탕으로 앞으로 있을 세계토종종자 컨퍼런스National native seed conference 같은 큰 행사에도 적극적으로 참여할 계획을 세우고 있습니다.

    이하얀은 여기서 더 나아가 시드볼트를 중심으로 한 세계종자 보존협회나 그룹을 만들고 싶다는 포부를 밝히기도 합니다. 그렇게 되면 세계를 무대로 종자 보존 이슈를 만들 수도 있고, 다양한 프로젝트를 구상할 수도 있을 겁니다. 물론 단기적으로는 어렵겠지만, 조금씩 인지도를 쌓고 국제적인 네트워크를 강화하면 결코 불가능한 일은 아니라고 생각합니다. 이 거대한 꿈이 현실이 될 때, 시드볼트는 전 세계의 모든 야생 식물 종자를 중복 보존하겠다는 목표에 한 걸음 더 다가갈 것입니다.

더 많은 국외 네트워크 형성을 위한 과제

현재 시드볼트는 총 7개국, 13개 기관과 협약을 맺었거나, 그들의 종자를 저장한 상황입니다. 물론 지금까지 시드볼트는 1차 목표인 국내 자생식물 보호와 종자 확보에 주력했던 터라, 국외 관련 활동을 시작한 것은 얼마 되지 않았습니다. 활동 기간이 짧다고는 하지만 시드볼트가 품고 있는 원대한 꿈을 생각하면 현재 성과가 미흡한 것도 사실입니다.

아직까지 폭넓게 국외 네트워크를 형성하지 못하고 있는 가장 큰 이유는 백두대간수목원 시드볼트의 인지도가 낮기 때문입니다. 백두대간수목원 시드볼트는 산림청에 소속된 공공 기관입니다만, 나라를 대신하는 기관은 아닙니다. 쉽게 말해 국가와 국가 간 협약에서 백두대간수목원 시드볼트가 주체적인 역할을 하기 힘들다는 뜻입니다.

노르웨이 스발바르 시드볼트와 비교하면 더욱 그렇습니다. 노르웨이 정부가 설립한 스발바르 시드볼트는 유엔 산하 FAO가 지원하기 때문에 국제 사회에서 인지도가 높고 한 나라의 지위에 맞먹는 대표성을 가지고 있습니다. 백두대간수목원 시드볼트에는 없는 막강한 위상이 있는 것이죠.

다른 나라 입장에서 보면 한국의 백두대간수목원 시드볼트를 신뢰하기는 쉽지 않습니다. 즉 국가 기관도, 국제적으로 인증을 받은 기관도 아니라는 점에서 취약성을 드러냅니다. 그래서 백두대간수목원 시드볼트는 오히려 더 신뢰성을 갖추려고 노력합니다. 도감 발행이나 해외 인재 교육 등 국제 사회를 지원하고, 사소해 보이지만 블랙박스 재질을 고급화하는 등 수목원의 노력을 보일 수 있는 물건을 만들고 배포하면서 시드볼트의 진정성을 알리기 위해 한 발자국씩 나아가고 있습니다.

처음 출발은 다소 미약했지만 지속적으로 국외 네트워크를 형성하면서 세계 여러 나라의 다양한 기관과 협약을 맺는 일 또한 계속 진행하고 있습니다. 막연히 앉아 국제 사회가 언젠가 알아줄 것이라 기대하며 아무것도 하지 않는다면 해외의 그 어떤 기관도 백두대간수목원 시드볼트를 인정해 주지 않을 것입니다.

국제적으로 공인된 기관의 인증을 받음으로써 해외 종자를 더 많이 기탁받는 것도 중요합니다. 이를 거꾸로 생각해 보면 자체적인 노력을 통해 더 많은 종자를 기탁받음으로써 국제적인 인정을 받는 것도 가능하다는 뜻입니다. 이를 이루기 위해 시드볼트는 국제회의에 꾸준히 참석하고, 세계 여러 기관을 만나 설득하고 있는 것입니다. 이런 노력들이 더해지면 시드볼트가 원하지 않아도 세계가 먼저 백두대간수목원 시드볼트를 국제 사회의 한 기구로 인정하는 날이 올 것입니다.

결국 국외 네트워크와 관련해 시드볼트가 세운 계획은 원대한 꿈을 향해 나가면서도, 지금 당장 할 수 있는 일을 차질 없이 잘 수행하는 것입니다. 어느 국가에서 먼저 마음을 열지 모르기 때문에 더 많이 연락하고, 더 많이 전화하고, 더 많이 이야기하는 수밖에 없습니다.

우선 기관 차원에서 세운 중단기 목표는 아시아 권역에서 허브 역할을 하는 것입니다. 중앙아시아와 서아시아를 우선으로 하면서 일본과 중국을 비롯한 동아시아나 동남아시아 국가와 계속 접촉하고 있는 중입니다. 이런 계획들이 앞으로 어떤 성과를 보일지 아직은 알 수 없지만 계속 시도하고 노력하는 것만이 지금 할 수 있는 최선입니다.

사실 시드볼트는 세계에서 두 곳 밖에 없는, 기존의 틀에서 완전히 벗어나 있는 시설입니다. 선례가 없다시피 하기 때문에 가장 최선의 선택지가 무엇인지 알기 쉽지 않습니다. 그래서 시드볼트는 중요한 결정과 선택 앞에서 때로 긴가민가 고민했고, 때로 우왕좌왕 허둥댔습니다. 조직 개편도 자주 있었고, 정비하는 과정에서 시행착오도 여러 번 있었지요. 게다가 국외 네트워크를 형성하는 과정은 시드볼트의 다른 업무에 비해 들이는 자본과 노력은 많지만 결과와 성과가 바로 나타나지 않는 일이기도 합니다. 이런 상황 앞에 시드볼트 구성원들은 주춤거리고 서성거려야만 했습니다.

그들은 이 모든 것을 인정합니다. 하지만 운영센터는 시드볼트에 시간이 흐르고, 자료가 쌓이는 것 자체가 결국 최선의 선택지를 찾아가는 과정이라고 생각합니다. 시행착오의 과정도 포함해서 말이죠. 여전히 정답이 무엇인지는 아무도 모르지만, 시드볼트는 결국 해답을 찾을 것입니다.

3
시드볼트운영센터
홍보

시드볼트 홍보는 일반 대중에게 시드볼트의 존재와 종자 저장의 필요성을 알리는 것을 주요 목적으로 합니다. 도서 『시드볼트』를 만든 가장 큰 이유도 마찬가지입니다. 운영센터 사람들은 이 책이 좀 더 많은 대중에게 시드볼트의 취지와 목적, 하고 있는 일들을 어떠한 왜곡이나 오해 없이 가장 적확하고 알맞은 방식으로 전달할 수 있기를 바랍니다. 어떤 대상의 가치와 철학을 구체적으로 드러내는 일에도, 또 오랜 시간을 두고 사색하며 받아들이는 일에도 책보다 더 좋은 매개체를 찾기란 쉽지 않으니까요.

꼭 책을 발간하는 일이 아니더라도 운영센터에서 진행하는 다양한 홍보 활동을 통해 좀 더 많은 사람이 시드볼트를 알고, 시드볼트가 하는 일을 지지한다면 앞으로 시드볼트가 해야 할 일에 분명 도움이 될 것입니다. '우리의 편'이 많아지면 결국 '운신의 폭'이 훨씬 넓어질 수 있기 때문입니다. 다만 시드볼트는 국내외 기관으로부터 종자를 기탁받는 것이 큰 목적이므로 일반 대중의 관심과 지지에만 만족할 수는 없습니다. 그래서 시드볼트는 일반인을 대상으로 한 홍보, 기관을 대상으로 한 홍보, 그리고 해외를 대상으로 한 홍보 등 크게 세 가지 목표를 지향하고 있습니다. 물론 일반 대중 중에서 식물 관련 일을 하는 사람이 있을 수도 있겠지만, 기본적으로 어느 하나에만 집중할 수는 없습니다.

운영센터에서 홍보를 담당했던 채인환은 이와 관련하여 전략을 짜고, 적당한 기관이 있으면 제안하고, 대응하고, 실행하고, 해야 하는 것과 하지 말아야 하는 것을 판단하는 것이 주요 업무였습니다.

처음에는 종자 연구를 담당하던 채인환은 시드볼트 조직이 개편되면서 홍보를 담당하게 되었는데, 그 이후 시드볼트는 홍보에서 비약적인 성과를 이루었습니다. 최근 기후 위기 이슈로 시드볼트에 대한 관심이 높아진 이유도 있겠지만, 대중에 어떻게 접근할 것인가를 정확히 짚어 내고, 인지도를 높이기 위해 아무것도 없는 바닥에서부터 시작해 다양한 시도를 하며 군건한 구조물을 세우기까지 땀을 흘린 채인환의 노력을 부정하는 사람은 적어도 운영센터 안에서는 없습니다.

이런저런 매체에서는 시드볼트를 최후의 날을 대비한 저장고라고도 하고, 현대판 노아의 방주라고도 합니다. 이런 수사가 사람들의 호기심을 자극한 것도 사실이고, 더 큰 관심을 불러오기도 했고, 틀렸다고 할 수도 없지만, 시드볼트는 직설적으로 말해 식물체가 멸종될 때를 대비해서 운영하는 시설이라고 보는 것이 가장 적확합니다. 이런 실제의 시드볼트와 알려진 시드볼트 사이에서 간극을 좁히는 것 또한 홍보 담당자가 안고 있는 고민이자 숙제입니다.

아트 셈Art-SEM 전시

운영센터에서 진행하는 홍보 활동은 이런저런 방송이나 매체를 대상으로 하는 것 외에도 다양한데요. 우선 전시회가 있습니다. "종자를 가지고 무슨 전시를 한다는 거지?" 생각할 수 있을 텐데요. 백두대간에 자생하는 종자를 주사전자현미경SEM으로 촬영하면 종자의 다채로운 모습을 볼 수 있습니다. 주사전자현미경으로 촬영한 것은 흑백으로 출력이 됩니다만 여기에 감각적인 색채를 입히면 하나의 사진 예술이 됩니다. 이것을 SEM(주사전자현미경)으로 만든 예술이라고 해서 아트 셈Art-SEM 사진이라고 하는데요. 이 사진을 전시 콘텐츠로 제공하고, 작품을 대여해 주면 자연스럽게 시드볼트 홍보로 이어집니다.

얼레지, 미치광이풀, 짚신나물, 쑥부쟁이, 큰두루미꽃, 털중나리 등 약 50여 종의 다양한 씨앗과 꽃가루가 SEM 사진으로 다시 태어났습니다.

보통 이런 전시는 농업박물관, 서울식물원, 황학산수목원, 전라

남도농업박물관, 농업기술센터 등 다양한 기관에서 진행하는 편입니다. 대개 이런 전시를 열면서 시드볼트에 대한 설문조사도 함께 하는데요. 이를 통해 시드볼트 인지도가 얼마나 되는지 파악할 수 있습니다. 2021년 초에 시드볼트를 알고 있다고 답한 사람들이 응답자의 30퍼센트 정도였는데, 지금은 여러 홍보 활동 덕에 조금 더 올라간 것으로 판단하고 있습니다. 추후에 다시 인지도 조사를 진행할 계획인데 아마 그때는 50퍼센트 이상 되지 않을까 기대하고 있습니다.

셈 사진 전시회

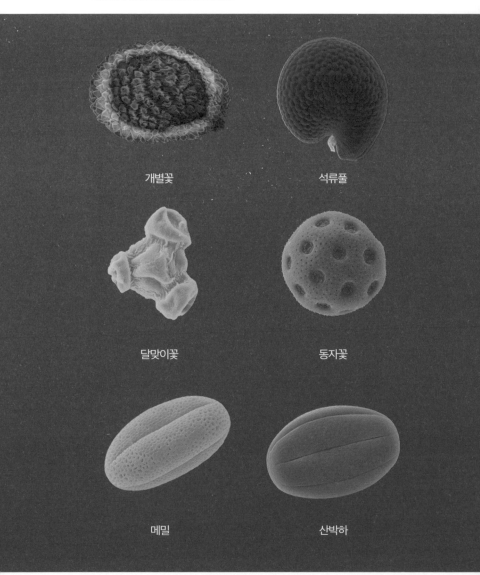

개별꽃

석류풀

달맞이꽃

동자꽃

메밀

산박하

시드볼트 메타버스 - 메타볼트

시드볼트 홍보에 있어 가장 큰 걸림돌은 시드볼트가 국가보안시설이라는 점입니다. 채인환의 뒤를 이어 시드볼트의 홍보를 담당하게 된 송치현은 이를 두고 '음악 없이 아름다운 춤을 추라는 것'과 같다고 표현합니다. 국가보안시설로 지정된 이후 방송 촬영이나 사진 활용 등에서 많은 제약이 생겼기 때문이죠. 시드볼트가 가진 특성을 생각할 때 국가보안시설 지정은 반드시 필요한 일이었지만, 시드볼트가 앞으로 해야할 일이라는 측면에서 보면 더 많은 홍보와 마케팅 또한 등한시 할 수 없습니다.

이 아슬아슬한 외줄 위에서 최근 송치현이 강구한 것은 시드볼트 메타버스인 '메타볼트'입니다. 이 아이디어는 점점 발전하여 국립백두대간수목원 메타버스를 구축하는 데까지 이어졌는데요. 여기에 시드볼트 홍보관을 두어 일반인들에게 공개되지 않은 시드볼트의 다양한 모습을 볼 수 있고, 체험할 수 있게 만들었습니다.

현재 QR코드를 통해 회원가입 등 별다른 절차를 거치지 않고도 누구나 들어갈 수 있으니 한번 체험해 보면 좋겠습니다. 메타볼트는 영어 버전도 만들어졌는데요. 이와 관련해서는 해외사업을 추진할 때 활용하

시드볼트 메타버스
QR코드

거나 체험할 수 있도록 할 예정입니다. 시드볼트 홍보관 내부에 회의실을 마련해 화상회의 플랫폼으로 활용할 수도 있습니다. 메타볼트를 통해 화상으로 국내 기관이나 업체와의 미팅은 물론 국제적인 회의까지 가능해진 셈입니다.

국가보안시설이라는 제약 속에서 새로운 홍보 플랫폼을 마련해야 한다는 절대 과제를 해결하기 위해 만들어 낸 메타볼트는 국립백두대간수목원 가을 봉자 페스티벌 및 2022 순천만국가정원 산림문화박람회에서 홍보부스를 통해 출시 한 달 만에 2,000명이 넘는 관람객들이 체험하면서 입소문을 타고 있습니다.

메타볼트 전경

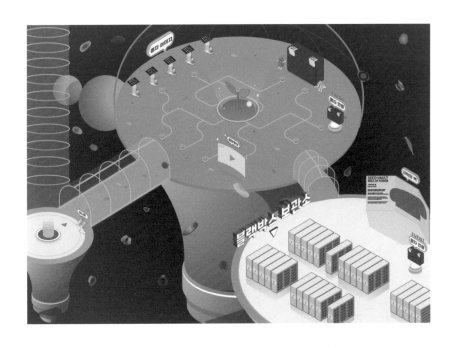

홍보 실패담 – 즉석밥의 배신?

모든 홍보가 이렇게 매끄럽게만 진행되는 것은 아닙니다. 홍보라는 것은 제안하고 거절당하고, 제안하고 거절당하는 일의 연속입니다. 얼마 전에는 한 기업에 종자 기탁을 제안한 적이 있습니다. 즉석밥으로 유명한 기업이었는데요. 즉석밥의 원종이 되는 벼의 종자를 시드볼트에 저장하면 좋겠다고 생각한 것이죠. 그런데 사실 이것은 작물 종자여서, 야생식물 종자 보존이 주목적인 시드볼트와는 맞지 않는 측면이 있습니다만, 당시 제안은 대기업에서 만드는 즉석밥의 종자를 저장했다는 퍼포먼스 자체에 주안점을 둔 것입니다.

성사만 된다면 그 나름대로 큰 홍보가 될 수 있을 것이고, 시드볼트 취지가 꽤 알려져 있기도 한 상황이니 기업 이미지에도 나쁠 것이 없다고 판단했습니다. 결과는 어떻게 됐을까요? 일언지하에 거절당했습니다.

어차피 매년 나는 쌀이고, 그 종자는 자신들이 잘 가지고 있고, 올해도 내년에도 그 후년에도 같은 종자를 가지고 재배하고 지속적으로 생산할 것이므로, 미래를 위해 저장할 필요가 없다는 것이 그들의 이유였습니다. 틀린 말은 아니지만 아쉬움은 남았습니다. 거절당했기 때문이 아니라, 시드볼트가 가야 할 길이 아직도 멀었다는 각성을 했기 때문이죠. 시드볼트는 알 수 없는 미래를 대비하기 위한 것인데, 자신들 스스로 지속적인 미래를 이어 가고 있다는 기업의 논리를 넘어서지 못한다면 시드볼트뿐 아니라, 시드볼트가 꿈꾸고 있는 미래도 함께 사라질 것 같은 조바심이 들기도 했습니다.

이런 식으로 여러 가지 일을 끊임없이 벌이면서 인지도를 높이고 있지만, 이 과정에서 남는 또 다른 아쉬움도 있습니다. 바로 개인 기탁 실태입니다. 사실 개인이 시드볼트에 종자를 기탁하기는 쉽지 않습니다. 우선 개인이 희귀 야생식물 종자를 가지고 있기가 어렵습니다. 특히 멸종 위기에 있는 종자라면 개인이 채취하는 것 자체가 불법이기도 합니다.

종자를 기탁받는 시드볼트의 입장에서 생각해 볼 때도 문제는 있습니다. 예를 들어 어떤 개인이 벌개미취 종자를 시드볼트 안에 넣고 싶다면 그 종자의 근거가 명확해야 하는데 개인이 그 근거까지 마련하기는 거의 불가능에 가깝지요. 앞서 조사팀에 관해 이야기할 때 언급했지만 종자 자체만으로는 식물의 종을 확신할 수 없습니다. 식물체 표본 채집을 비롯해 어느 정도 근거가 마련되어 있어야 기탁이 가능합니다. 확증할 수 없는 종자를 시드볼트 안에 넣을 수는 없는 노릇입니다.

이런 이유 때문에 현재까지 시드볼트에 종자를 기탁한 개인은 두세 명에 불과할 정도로 매우 적은 편입니다. 하지만 앞으로 시스템을 개편해서 개인도 종자를 기탁할 수 있는 방법을 마련할 계획을 가지고 있습니다. 그렇게 되면 시드볼트의 홍보 효과는 더욱 커지게 되지 않을까요? 내가 아닌 누군가가 하던 일에서 나도 할 수 있는 일로 전환될 테니 말입니다.

현재 개인 기탁은 힘들지만 대신 학생들을 비롯해 좀 더 다양한 계층이 시드볼트와 운영센터가 하는 일을 경험할 수 있도록 하는 '담다 프로그램'이 있습니다. 학생들과 함께 종자를 수집해서 블랙박스에 담에 저장하는 과정까지를 함께 진행해보는 건데요. 어떤 일이든 지속성을 위해 가장 중요한 것은 사람을 남기는 일일 것입니다. 담다 프로그램을 통해 시드볼트를 경험해보는 건 홍보의 일환에서도 도움이 되겠지만 장기적으로 시드볼트의 취지에 공감하고, 또 이 일을 꿈으로 삼는 사람을 남길 수도 있는 일입니다. 현재 공주대를 시작으로 범위를 점점 확대하고 있는데 나중에는 일반인들도 참여할 수 있도록 할 예정입니다.

앞으로의 과제

지금까지 국내를 대상으로 한 홍보에 집중했던 운영센터는 이제 더 넓고 더 큰 곳을 바라보고 있습니다. 해외의 다양한 채널을 대상으로 콘텐츠를 제작하고, 각 나라의 언어로 번역해서 대한민국에 시드볼트가 있다는 것을 적극적으로 알릴 수 있는 작전을 짜고 있습니다. 이제는 본격적으로 해외에 눈을 돌려야 할 시점이라는 것을 모두가 잘 알고 있습니다.

국내 기탁과 관련해서는 어느 정도 성과를 이루었지만 한편으로 그 한계 또한 눈앞에 다가오고 있습니다. 종자를 가지고 있는 기관은 한정적이고, 기탁하는 기관에서만 기탁하다 보니, 기탁이 진행될수록 시드볼트에 맡길 수 있는 종자는 그만큼 줄어들기 때문입니다.

여러 기관에서 적극적으로 종자를 수집하고, 수집한 만큼 시드볼트에 자발적으로 기탁하면 일은 훨씬 수월하겠지만, 현실적으로 대다수 기관들은 종자 수집을 위해 일하지 않습니다. 가지고 있는 것을 부가적으로 맡기는 개념이지요.

이런 문제를 해결하고, 더 많은 종자를 모으기 위해서는 결국 국민적 합의, 법률적 근거, 국가적 지원이 총체적으로 필요합니다. 우선 식물을 담당하는 일정 규모 이상의 기관이라면 의무적으로 종자 일부를 시드볼트에 기탁할 수 있도록 수목원정원법 개정을 생각해 볼 수 있습니다. 또 그런 기관에서 종자를 기탁하는 일을 전문으로 할 수 있는 사람을 뽑도록 하고, 그에 대한 지원을 하는 것도 고려해야 합니다.

이제 시드볼트는 국내와 국외 어느 하나 소홀히 할 수 없습니다. 국외는 훨씬 더 복잡하고 높은 산을 넘어야 하지만 국내는 제도 개편이 이뤄진다면 지금보다 훨씬 원활하게 진행할 수 있습니다. 물론 그전에 시드볼트에 더 많은 종자가 저장되어야 한다는 이 절대 명제에 공감하는 사람들이 더 늘어나야겠지요. 이것은 어쩌면 운영센터가 본래의 업무보다 더 사활을 걸어야 하는 영역일지도 모릅니다. 이 공감이 없다면 시드볼트가 앞으로 더 나아가기 힘들 테니까요.

운영센터가 해야 할 일은 운영센터의 몫으로 맡기되, 국가가 할 수 있는 일은 국가가 나서서 지원해야 합니다. 지금 이 순간에도 환경은 파괴되고, 식물은 사라지고 있습니다. 최우선은 이 진행을 막는 것이겠지만 아쉽게도 지구 환경 변화나 시간은 우리의 편이 아닙니다. 막을 수 없다면 지금 우리가 가지고 있는 것을 지키는 것에 중점을 두어야 합니다. 시드볼트를 영위하기 위한 지원과 제도가 중요한 이유가 여기에 있고, 어쩌면 이 선택이 미래의 우리 모두를 살릴 수 있을지도 모릅니다.

4

시드볼트 운영센터 종자 저장

여기서 다시 한번 종자의 여정을 정리하겠습니다. 시드볼트에 종자가 들어오는 과정은 크게 두 가지로 나뉩니다.

하나는 조사팀에서 수집해 온 종자가 시드뱅크를 운영하는 연구실로 넘어가고, 거기서 여러 가지 상황에 따라 뱅크와 볼트 중 어디로 갈지 결정하고, 다양한 검사를 거친 뒤 운영센터로 들어오는 경우입니다. 다른 하나는 국내외 여러 기관을 통해 기탁받는 경우입니다. 이를 위해 운영센터는 국내·국외 네트워크, 홍보 담당 등을 두고 있고요.

지금부터는 종자가 운영센터로 들어온 다음, 이 종자가 시드볼트 안에 저장되기까지 어떤 과정을 거치는지 살펴보겠습니다.

종자 검증

종자 저장 업무는 블랙박스 시스템으로 바뀌기 전과 후에 따라 차이가 좀 있습니다.

기존 종자 저장 업무에서 가장 중요한 것은 종자를 검증하는 일이었습니다. 보통 종자를 기탁받기 위해서는 처음 기탁 기관에서 종자를 맡아 달라는 공문과 함께 어떤 종자를 기탁하는지 목록을 보내오고 그 이후에 실물이 따라옵니다. 이때 실제 종자와 리스트가 맞는지 확인합니다. 예를 들어 리스트에는 완두콩이라고 적혀 있는데, 작두콩이 올 수 있습니다. 그런 것들을 걸러 내는 작업인 것이죠. 보통 종자가 소량만 들어오거나, 또는 규모가 어느 정도 있는 공공 기관에서 기탁할 때에는 종자 판별이 잘못되는 경우가 드뭅니다. 소량일 경우에는 쉽게 눈에 띄고, 기관이 규모가 있는 경우에는 해당 기관도 관리 방식이 있기 때문이죠. 하지만 민간 기관들이 기탁할 때는 종자를 잘못 판별한 것을 모르고 보내는 경우가 있습니다.

강선아와 김진기가 하는 일이 바로 이런 오류를 찾아 바로잡는 것입니다. 그들은 종자 한 점 한 점을 모두 검수하여 잘못된 것을 찾아내고 걸러 내어 취합한 뒤에 목록을 바꿀지, 잘못 온 종자를 돌려보낼지, 바뀐 종자를 새롭게 받을지 등 여러 사항을 해당 기관과 논의합니다.

종자를 다루고, 데이터로 만드는 일은 혼자서 하는 것이 가장 정확합니다. 누구는 종자를 저장하고, 누구는 데이터를 만들고, 누구는 데이터에서 추리고, 누구는 꺼내서 입병(종자를 병에 담는 것) 작업을 하다 보면 실수가 발생하기 마련입니다. 사공이 많아 배가 산으로 간다고 비유할 수 있겠죠. 데이터 단독 작업은 바로 동선이 얽히면서 생기는 혼란을 막기 위한 장치입니다.

블랙박스 시스템으로 바뀌면서 종자를 확인하는 작업은 하지 않게 되었는데, 이 때문에 기관에서 종자를 맞게 보냈는지 아닌지 알 수 없게 되었습니다. 이런 점은 종자를 안전하게 보존하는 것뿐 아니라, 특이 상황이 생겼을 때 꺼내 제대로 생장할 수 있도록 해야 하는 시드볼트의 목적과 다소 어긋나 아쉽지만 신뢰성 확보 문제 때문에 어쩔 수 없습니다. 종자의 최종 소유권이 기탁 기관에 있는 만큼, 또 밀봉 과정이 그들에게 맡겨진 만큼 이제는 각 기관이 종자 검증을 책임질 수밖에 없습니다.

운영센터 입장에서는 종자 검증의 책임이 기탁 기관에 이전되면서 정확성에 대한 부담에서 벗어날 수 있게 되었습니다. 예전에 종자를 유리병에 담아 보관했을 때는 아무래도 종자를 옮기거나 입병하는 과정에서 서로 섞일 수도 있고, 종자가 바뀔 가능성도 있었습니다. 아주 가끔 입병 과정에서 종자를 쏟는 '사고를 칠' 때도 있었지요. 그러면 종자에 이물질이 섞일 수 있기 때문에 정선 작업부터 다시 해야만 합니다. 물론 이런 일을 방지하기 위해 들어오는 종자가 아무리 많아도 한 점을 모두 정리한 뒤에, 다른 종자를 차례대로 하나씩 정리하는 방식으로 작업을 진행하곤 했습니다.

하지만 아무리 조심하고 주의한다고 해도 사람이 하는 모든 일에 오류가 전혀 없다고 단언할 수는 없을 겁니다. 사람의 손을 거치

과거 입병 방식의 종자 모음

면 거칠수록 문제가 발생할 가능성은 높아지게 마련이죠. 블랙박스를 통한 기탁으로 바뀌면서 이런 문제를 어느 정도 해결할 수 있게 되었습니다. 가장 좋은 시스템이란 결국, 잘못될 확률을 줄이고 줄여 0에 수렴하게 하는 것입니다.

종자의 데이터를 검증하는 일

예전에 종자 저장 업무의 첫 단계가 종자 검증이었다면, 현재 종자 저장 업무의 첫 단계는 데이터를 검증하는 일이 되었습니다. 종자 목록이 오면 목록에 있는 학명이나 국명 등 종자 분류에 필요한 정보를 확인하는 것이 주 업무입니다. 만약 제대로 잘되었다면 확인만 하고 넘기면 되지만 간혹 식물 이름이 바뀌어 적혀 있는 경우가 있습니다.

식물 이름이 바뀌어 있다니 무슨 말일까요? 사실 생물 이름은 사람들이 일반적으로 부르는 명칭과 달리 다소 복잡한 측면이 있습니다. 아직 연구가 끝나지 않아 이름이 확실히 정해지지 않은 경우도 있고, 이미 알려진 이름도 해석 차이에 따라 다르게 기록되기도 합니다. 특히 식물은 계통에 따른 개체가 복잡하고 다양해 명칭 부여 방식에서 혼선을 빚기도 합니다.

우리나라는 분류 기준에 따라 '국가표준식물목록'을 정하고 혼란스럽게 통용되고 있는 식물 이름을 표준화하는 작업은 물론 식물을 계통에 따라 정확하게 분류하는 등 다양한 작업을 하고 있습니다. 예를 들면 예전부터 우리나라에 자생하고 있던 식물이 있을 테고, 외래종이 국내에 들어와 퍼진 것이 있을 것입니다. 이때 자생식물은 큰 문제가 없지만, 외래종인 경우에는 이 개체를 외래식물로 분류할 것인지, 시간이 많이 흘렀으니 이제는 자생식물로 분류할 것인지 판단해야 합니다. 국가표준식물목록은 짧게는 2~3년 정도의 기간을 두고 식물명에 대한 최신 자료를 반영해 업데이트를 하고 있습니다.

기탁 기관이 최신 자료를 반영하기 전이거나, 이를 모르는 경우도 있는데 이때 실수로 예전 학명이나 국명을 기재해서 보내기도 합니다. 이 작업을 제대로 하지 않으면 같은 개체인데도 이름이 달라서 통계가 이중으로 잡히고 맙니다. 저장 업무를 제대로 하기 위해서는 새로 개정된 국가표준식물목록을 정확하고 꼼꼼하게 확인해야 하고, 국명이 바뀌지는 않았는지 혹은 학명이 바뀌지는 않았는지 세세하게 살펴야 합니다. 간혹 국명과 학명이 모두 바뀌는 경우도 있기 때문에 더욱 주의가 필요하지요.

이게 끝이 아닙니다. 국내 식물은 이렇게 정리하면 되지만, 해외에서 들어오는 식물은 아무래도 다른 나라 기관과의 협업이기 때문에 좀 더 복잡한 과정을 거치게 됩니다. 과정이 복잡해지면 오류가 발생할 확률이 높아지죠.

지구상에 존재하는 식물은 국제식물명명규약ICBN에 따라 단 하나의 학명을 갖도록 되어 있는데, 학자에 따른 의견 차이도 존재하므로 같은 종이더라도 다른 학명으로 쓰이는 경우가 종종 있습니다. 또한 식물 분류학이 발전함에 따라 어떤 식물이 과Family나 속Genus 수준에서 바뀌는 경우도 있습니다. 이때 어떤 나라는 바뀐 학명을 바로 적용하기도 하지만, 어떤 나라는 기존 학명을 그대로 쓰기도 하죠. 또 식물의 학명 맨 뒤에는 처음 발견한 사람(명명자)이 자신의 이름이나 이니셜을 넣는 것이 일반적입니다. 그런데 간혹 나라마다 명명자를 다르게 기재하기도 하고, 기탁 기관에서 오기입을 하기도 합니다. 이런 상황들을 간단하게 정리해 보면 다음과 같습니다.

- 국가 또는 학자에 따라 인정하는 학명이 다른 경우
- 국가 또는 학자에 따라 명명자를 다르게 기재하는 경우

- 학명을 기재하는 과정에서 잘못 기입하는 경우

이런 이유 등으로 하나의 종이 3~4개의 종으로 부풀려질 수도 있는 것이죠. 운영센터에서는 월별, 분기별, 연도별로 자료를 분석해 통계에 활용하는데, 같은 식물이라도 나라마다 다르게 부르는 학명을 정확하게 확인하지 않으면 제대로 된 통계를 낼 수 없습니다. 이걸 하나로 통일해야만 시드볼트에 어떤 종자가 얼마나 있는지 정확히 알 수 있겠죠.

보통 이럴 때는 국제적으로 통용되는 학명을 분류한 사이트*를 참고해 잘못된 데이터가 있으면 수정합니다. 하지만 이런 사이트에도 누락이 되어 있거나, 누군가 새로 발견한 것인데 아직 등록하지 않은 것들도 있습니다. 이런 것들을 찾아내고 판단해서 수정해야 합니다. 데이터 리스트를 하나하나 확인하지 않으면 알 수 없는 부분입니다.

김진기와 강선아는 종자가 들어올 때는 이렇게 새로 들어온 종자의 데이터를 확인하고, 종자가 들어오지 않을 때는 예전의 데이터와 씨름합니다. 국가식물표준목록이 새롭게 업데이트되면 기존 데이터도 모두 수정해야 하기 때문입니다. 조직이나 업무 등에서

---

* International Plant Names Index(https://www.ipni.org),

  Tropicos(https://www.tropicos.org),

  The Plant List(http://www.theplantlist.org)

틀이 잡히지 않았던 초창기 시절에 간혹 잘못 입력한 데이터가 있기도 합니다. 이것 역시 수시로 확인하고 수정해야 하지요. 2021년 12월 기준으로 확인해야 하는 데이터는 시드볼트가 가지고 있는 종자 수와 같습니다. 총 137,880개. 그로부터 시간이 더 흐른 지금은 아마 그 수가 더욱 늘어나 있을 겁니다.

종자의 도입번호

종자의 데이터를 확인하고, 수정한 다음에는 이 종자를 수목원 내 산림생물자원관리시스템(이하 관리시스템)에 등록합니다. 관리시스템에 등록한다는 것은 국외·국내에서 통용되는 정보에서 벗어나 수목원 내에서 정한 자체 방식을 통해 종자를 관리하는 체제로 바뀐다는 의미입니다. 관리자는 종자에 대한 모든 정보를 입력하고, 이때 종자는 고유 도입번호를 부여받습니다. 사람으로 치면 주민등록번호와 같은 것이죠. 참고로 등록 과정에는 종자뿐 아니라 종자의 생체와 표본 등 수목원으로 들어온 모든 자원을 포함합니다.

이런 관리시스템을 통해 종자가 몇 만 번째로 들어왔는지, 누가 언제 어디서 어떻게 수집한 것인지, 혹은 어떤 기관에서 기탁한 것인지, 기탁할 때 특별한 연유가 있지는 않은지 등 입수 과정에서 파악한 내용들도 모두 종자 정보와 함께 기록해 둡니다.

때로 시드뱅크에서는 종자를 양묘실로 보내 키우거나 증식해서 새로운 종자를 맺도록 하는 경우도 있는데요. 이때 새로운 종자는 새로운 번호를 부여받는 동시에 종자 원종이 가지고 있던 도입번호도 계속 유지합니다. 그래서 시드뱅크에서 증식한 식물들은 도입번호만 보면 식물의 모든 역사를 알 수 있습니다. 이를 식물 이력 관리라고 합니다.

식물 이력 관리에 대해 조금 더 설명해 보죠.

안동과 영천에서 온 사과나무 종자를 증식시켜 또 다른 사과나무로 키우고, 그 나무가 열매까지 맺었다고 가정하겠습니다. 이 과정을 몇 번 반복하면 나중에 어떤 일이 벌어질까요? 시드뱅크에 열매를 잘 맺은 사과나무가 있는데 이게 안동에서 가지고 온 사과나무로 증식시킨 건지, 영천에서 가지고 온 사과나무로 증식시킨 건지 알 수 없게 될 수도 있겠죠.

양묘실에서 종자를 증식하는 모습

사과나무의 재래 원종인 야광나무

　이런 상황을 막기 위해 원종 도입번호 방식을 유지하는 것입니다. 그러면 이 나무의 원종에 대한 정보도 구체적으로 알 수 있고, 안동의 사과나무와 영천의 사과나무가 유전적으로 어떤 점이 다른지도 파악할 수 있습니다. 그래서 철저하게 데이터베이스를 만들고 관리하는 일은 종자를 수집하고, 종자를 기탁받는 것만큼이나 중요합니다.

　물론 이 모든 것은 종자가 시드뱅크로 갔을 때의 이야기입니다. 시드볼트로 들어간 종자는 그 순간 세상과 단절된 채, 어쩌면 있을지 모를 '그날'에만 모습을 드러낼 수 있으니까요.

종자 입고

자, 이제 종자의 정선, 건조, 검수, 검증, 등록을 다 끝냈습니다. 다음은 종자를 입고하는 것만 남았습니다.

우선 종자가 놓일 위치를 지정합니다. 종자를 순서대로 입고하는 한편 그 위치를 정확하게 기록해 놓습니다. 박스별로 1번~100번, 101번~180번 이런 식으로 번호를 정하고, 시드볼트 내에도 구역을 정한 뒤, 어디서부터 어디까지는 1번~100번 박스, 또 어디서부터 어디까지는 101번~180번 박스를 보관하는 식입니다. 종자가 워낙 많은 만큼 이렇게 구역과 박스의 위치를 체계적으로 정리해 놓아야만 나중에 종자를 반출해야 하는 상황이 왔을 때 혼란을 방

DB 입력 과정

162

지할 수 있습니다.

위치가 정해지면 기탁한 기관의 책임자가 서명한 스티커를 블랙박스에 붙이고, 종자 관리 번호와 이 박스가 어디에 위치하는지 등을 기록한 내역 역시 부착합니다. 그다음 시드볼트로 이동하는데요. 종자가 갑자기 아주 많이 들어오는 경우가 아니면 보통 분기별로 나누어 3월 말, 6월 말, 9월 말, 12월 말 이렇게 네 번 넣습니다.

이것은 시드볼트가 노출되는 상황을 최대한 줄이기 위해서입니다. 가능성은 낮지만 시드볼트가 자주 열리면 온도가 변화할 수 있고, 보안에도 취약해지기 때문입니다. 이런 세세한 것들도 '잘못될 확률을 줄이고 줄여 0에 수렴하게 하려는 노력' 중의 하나입니다.

시드볼트는 두 개의 건물로 이루어져 있는데, 돔처럼 올라가 있

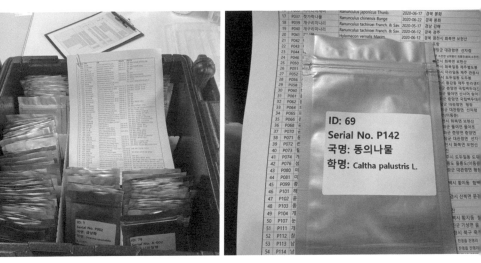

블랙박스를 밀봉하기 전

는 곳은 일종의 홍보관입니다. 진짜 저장고는 지하 수십 미터 아래에 있습니다.

시드볼트는 운영센터 직원이라고 해도 출입이 자유로운 것은 아닙니다. 사전에 시드볼트의 보안을 담당하고 있는 청원 경찰에 종자 입고 예정 시간을 신고해야 합니다. 신고 후에도 몇 가지 엄격한 절차를 거쳐야 들어갈 수 있습니다.

저장고에 들어가기 전에 방한복, 방한화, 방한 장갑 등을 착용합니다. 운영센터 직원이 들어가야 하는 곳은 상대습도 40퍼센트, 영하 20도를 유지하고 있는 곳이기 때문입니다. 환복을 마치면 유리로 된 첫 번째 문을 열고 안으로 들어갑니다.

참고로 여기서 상대습도 40퍼센트의 의미에 대해 잠깐 설명을 덧붙이겠습니다. 40퍼센트라는 수치를 보면 건조하지 않다고 생각할 수 있지만 온도가 낮아질수록 공기가 머금을 수 있는 수분이 적어진다는 사실을 고려해야 합니다. 보통 영하 10도에서 상대습도 40퍼센트면 절대습도로 봤을 때 0.002에도 미치지 못합니다. 그런데 시드볼트는 영하 20도를 유지하고 있으니 매우 건조한 편입니다. 이렇게 건조한 상태를 유지해야만 종자 표면에 이슬이 맺히지 않고, 종자를 영구히 보관할 수 있습니다.

저장고에 들어가면 텅 빈 공간이 먼저 반깁니다. 전실이라고 불리는 이곳은 0~2도 사이를 유지하는 곳인데요. 종자도 생명인 만큼 갑자기 차가운 곳으로 들어가면 문제가 발생할 수 있겠죠. 그래서 차가운 온도에 적응할 시간을 주는 것입니다. 모든 종자는 전실에서 일주일 정도 보관한 뒤에 진짜 저장고로 들어갑니다.

전실을 통과하면 그제야 종자를 보관하는 저장고가 나옵니다. 넓은 공간에 선반식 수납대가 열을 맞춰 배치가 되어 있고, 그 사이에 지정된 순서와 번호에 따라 박스를 보관합니다.

현재 사용하는 저장고는 총 두 곳인데요. 각각 제1저장고, 제2저장고라고 부릅니다. 안쪽에 있는 제1저장고에는 그전에 사용하던 오픈 박스 시스템에 따라 유리병에 저장된 종자들이 있습니다. 블랙박스 시스템으로 바뀌고 나서는 제2저장고를 사용합니다. 이렇게 시드볼트 안으로 종자가 들어오고 나면 종자 저장의 모든 과정이 끝납니다.

시드볼트 종자 저장고(블랙박스 시스템으로 바뀌기 전)

시드볼트 종자 저장고(현재)

종자를 저장한다는 것

시드볼트에 저장된 종자는 이제 영원을 꿈꾸는 사람들의 염원과 바람을 안고, 언제가 될지 모르는 기약 없는 시간 동안 긴 잠을 자게 될 것입니다.

시드볼트는 설계상 약 200만 점의 종자를 보관할 수 있습니다. 전 세계 야생식물이 대략 30만~50만 종으로 알려져 있는데요. 이 중에 종자로 번식하는 식물은 25만 종 정도입니다. 종자로 번식하지 않는 것들은 저장이 불가능하니 산술적으로 따지면 시드볼트는 한 종당 8개 정도를 중복 보존 할 수 있습니다. 물론 저온에서 보관하는 것이 힘든 열대 종자들도 있는데 그런 종자들을 어떻게 보관할지는 앞으로 과학이 해결해야 할 문제입니다.

시드볼트는 종자 200만 점을 넣을 공간이 다 찰 경우를 대비해서 두 개의 터널을 더 뚫을 수 있는 여지도 남겨 놓았습니다. 김진기는, 퇴임 때까지 새로운 터널을 뚫는 것이 가장 큰 희망이지만, 최소한 자신의 손으로 200만 점을 채울 수 있기를 바란다고 말합니다.

그들에게 시드볼트란, 그리고 종자를 저장하는 일이란 어떤 의미일까요? 이 질문에 김진기는 이렇게 말합니다.

"지금 시드볼트에 저장되는 종자는 어쩌면 우리 세대에게는 아무런 도움이 되지 않을 수도 있습니다. 하지만 최근 100년간 우리는 다 함께 '힘을 합쳐' 이 지구를 아프고 병들게 만들었습니다. 시드볼트는 이런 현실을 만들어 낸 우리 세대의 책임인 동시에 우리가 물려줄 수 있는 가장 소중한 유산일지도 모릅니다.

그래서 지금 시드볼트에 있는 사람들은 이 자원을 다음 세대가 될지, 그다음 세대가 될지 모르지만 최대한 안전하게 넘겨줘야 할 의무가 있다고 생각합니다. 미안하고, 미안하지만 그 이후는 그들의 몫으로 남겨 둘 수밖에 없습니다. 지금 우리가 할 수 있는 것은 보존 뿐입니다. 적어도 사라지는 것만큼은 막아야 합니다."

강선아는 같은 질문에 "자신은 그 그늘 아래 쉴 수 없다는 걸 알면서도 나이 든 사람들이 나무를 심을 때 그 사회는 발전한다."라는 그리스 속담을 이야기합니다. 강선아가 말한 이 속담은 김진기의 말과 닿아 있습니다. 이 시대의 사람들은 나무를 심어야 할 책임이 있고, 그 나무가 만들 그늘은 현세대가 후대에 전하는 미안함이니까요.

종자 저장 업무는 지루한 일인 동시에 정교하고 치밀해야 하는 일입니다. 종자 자체는 물론이고 관련 데이터를 모두 다루기 때문입니다. 이 일을 소홀히 한다면 나무를 심고 그늘을 만드는 노력은 물거품이 될 수밖에 없습니다. 그 수많은 데이터를 확인하고, 확인하고 또 확인하는 동력은 바로 그것, '나무를 심는 마음'에 있는지도 모르겠습니다.

5
종자의 반출

현재까지 시드볼트에 저장되었던 종자가 밖으로 나온 적은 단 한 번도 없습니다. 물론 아직 시드볼트의 역사가 그리 오래되지 않았기 때문일 수도 있지요.

아직은 언제, 어떤 경우에 종자 반출이 이루어 질 거라고 단언할 수는 없습니다. 분명한 사실은 종자를 반출하기 위해서는 엄격하고 복잡한 의사 결정 과정을 거쳐야 합니다. 시드볼트 종자들은 그야말로 최후의 최후를 대비한 마지막 보루이기 때문이죠.

그래서 특정 상황이 발생했을 때 어떤 식물의 종자가 시드뱅크나 혹은 다른 곳에 있다면 최대한 그곳에 있는 종자를 쓰도록 하는 것이 원칙입니다. 시드볼트는 그 이후입니다. 정말 지구상에서 더 이상 그 종자를 볼 수 없다고 판단하거나, 지역을 복원하기 위해 반드시 시드볼트의 종자가 나와야만 하는 상황이라면 반출 심의를 진행합니다. 운영센터 센터장 및 직원들과 백두대간수목원, 산림청, 한국수목원정원관리원의 관계자가 모여 심사숙고한 결과 반출이 결정된다면 다음수순을 밟습니다. 기탁받은 종자라면 블랙박스째로 다시 기탁 기관에 되돌아가고, 조사팀에서 수집한 종자라면 백두대간수목원에 반출합니다. 여기까지가 '종자를 안전하게 보관하는' 시드볼트의 역할입니다.

후자의 경우 공은 다시 연구실로 넘어옵니다. 여러 가지 연구가 되어 있는 종자라면 반출할 때 종자와 함께 관련 정보와 데이터를 함께 보내고, 학술적인 연구가 끝나지 않은 경우라면 발아 테스트를 진행합니다. 휴면타파 방법이 복잡할 경우 양묘실을 통해 종자를 발아시킨 후 식물체를 키워 필요한 곳으로 나가는 과정을 거칠 수도 있습니다.

참고로 2008년에 지어진 스발바르 시드볼트에서 종자가 반출된 적이 한 번 있습니다. 시리아 내전 당시 시리아 알레포에 있던 종자은행이 파괴되는 일이 있었는데요. 불행 중 다행으로 시리아는 종자 대부분을 스발바르 시드볼트에 중복 보존 했고, 결국 2015년 9월 시리아의 요청에 따라 첫 반출이 이루어졌습니다. 스발바르 시드볼트의 입장에서도 첫 번째 종자 반출은 분명 역사적인 사건이었을 것입니다. 쓸쓸하고 안타깝지만 동시에 시드볼트가 왜 필요한지 명확하게 보여 주는 일이기도 했지요.

언젠가 백두대간수목원 시드볼트에 있는 종자도 반출되는 날이 올지 모릅니다. 아마 그때에도 비슷한 이야기를 하게 되지 않을까요? 슬프고 비극적인 일이지만, 그래도 시드볼트가 있어 참 다행이라고 말입니다.

시리아 내전 당시

노르웨이 스발바르 시드볼트(도서 『세계의 끝 씨앗 창고』 중에서, 사진 - 마리 테프레 Mari Tefre)

백두대간 글로벌 시드볼트

6
시드볼트 건물 이야기

시드볼트에 있는 이런저런 유지 보수 장치들에 대해서도 궁금할 수 있을 텐데요. 이번 장에서는 혹시라도 안전과 관련하여 사고가 발생할 위험은 없는지 등에 대해 이야기해 볼까 합니다.

냉동 설비 방식

시드볼트 건립 계획 당시 가장 중요하게 생각했던 것은 안전이었습니다. 가정에서 사용하는 냉장고만 해도 고장이 나면 안에 든 음식이 상하는 등 여러 문제가 생길 수 있습니다. 하물며 영하 20도의 온도로 종자를 보관하고 있는 시드볼트의 냉동 설비에 문제가 생기면 그야말로 돌이킬 수 없는 일이 발생하겠지요.

시드볼트는 이와 관련하여 주요 설비에 안전장치를 2중, 3중으로 마련하여 혹시 일어날지 모르는 문제에 대처하고 있습니다.

우선 시드볼트 냉동 설비는 습식 방식을 사용합니다. 일반 냉장고가 건식으로 냉기를 불어 넣는다면 시드볼트는 차가운 물에 염화리튬을 혼합합니다. 이 혼합 액체를 떨어뜨리면 염화리튬이 물을 빨아들여 냉각 고체 상태가 됩니다. 이때 공기가 냉각된 염화리튬을 지나가면서 온도가 낮아지는 것이죠. 염화리튬은 흡습 성질도 가지고 있습니다. 이런 원리로 영하 20도, 상대습도 40퍼센트의 차갑고, 건조한 상태를 늘 유지합니다.

저장고에 있는 냉각 장치를 여러 대 설치하여 가동 중인 냉각 장치가 고장이 나더라도 남은 예비 냉각 장치를 가동해 고장 난 장치를 수리하는 동안 온도를 계속 유지할 수 있도록 대비하였습니다.

이 시설을 유지, 관리하기 위해 별도의 업체와 계약을 맺고 시스템을 운영합니다. 해당 업체 직원이 상주하면서 매일 기기를 점검합니다. 현재까지 시드볼트 내에 온도나 습도 유지와 관련하여 문제가 생긴 경우는 시설을 세운 이후 단 1초도 없었고, 앞으로도 없을 것입니다.

전기 장치

모든 기기가 전기를 동력으로 돌아가는 시드볼트에서 냉각 장치 이상으로 중요한 것은 발전 설비입니다. 물론 대비는 확실히 되어 있습니다. 우선 전기가 들어오는 경로를 다원화해서 장마나 번개 등 천재지변으로 인해 한쪽에 문제가 생겨도 다른 쪽에서 전기를 공급받을 수 있습니다. 다만 이때는 전기를 공급하는 발전소 자체에 문제가 생기면 소용이 없겠죠.

그래서 시드볼트에는 자가 발전시설이 있습니다. 전기가 끊기면 자가 발전을 통해 발전소가 복구될 때까지 버틸 수 있는 시스템을 갖추고 있습니다.

또한 시드볼트는 지하 수십 미터 아래에 있기 때문에 모든 전력이 끊겨도 온도가 급격하게 오르지 않습니다. 보통 지하 터널의 평균 온도는 한겨울에 15도, 한여름에 20도 정도를 늘 유지합니다. 외부 온도에 크게 영향을 받지 않죠. 물론 냉각 장치를 가동하지 않으면 시간이 지나면서 온도가 서서히 올라가긴 하겠지만, 전기를 전혀 사용할 수 없는 최악의 사태가 벌어져도 복구할 수 있는 시간을 벌 수 있습니다.

지진, 해일, 전쟁을 대비한 구조

해발 고도 600미터의 높은 곳에 지었기 때문에 해일은 물론이고, 설령 북극의 빙하가 녹는다고 해도 물이 이곳에 도달해 차오르기까지 시간이 오래 걸립니다. 진도 6.9의 지진을 견딜 수 있는 내진 설계가 되어 있을 뿐 아니라 산사태가 일어나도 시드볼트만큼은 견

176

딜 수 있도록 매우 두꺼운 강화 콘크리트로 이루어져 있고, 그걸 다시 3중 철판이 보호하고 있습니다. 어떤 재난이 벌어져도, 어떤 위기가 닥쳐도 시드볼트만큼은 어떻게든 견뎌 달라는 바람과 염원이 기술과 만나 지금의 시드볼트가 탄생했습니다.

사람의 안전

시드볼트는 종자의 안전만 생각하지 않았습니다. 그보다 훨씬 더 철저하게 대비한 것은 사람의 안전입니다. 시드볼트에 종자를 입고하기 위해선 하는 수 없이 영하 20도의 차디찬 냉동고 안으로 들어가야만 합니다. 사고 위험이 뒤따를 수밖에 없는 환경입니다.

이를 방지하기 위해 시드볼트는 절대 혼자서 들어갈 수 없습니다. 설령 혼자 할 수 있는 작업이더라도 무조건 2인 이상 동행이 원칙이고, 이 원칙은 어떤 일이 있어도 반드시 지킵니다.

두 번째는 저장고 문이 얼어붙는 것을 막기 위한 장치입니다. 저장고는 영하 20도라서 항상 얼어 있을 텐데 얼어붙는 걸 막는다는 게 무슨 말일까요?

시드볼트는 냉기를 효율적으로 유지하기 위해 내부를 밀폐 처리 하였습니다. 이 밀폐로 내부 온도를 유지하는 것인데, 이 때문에 문제가 발생할 수 있습니다. 예를 들어 내부의 문은 닫힌 상태에서 항상 얼어 있는데 출입을 위해 문을 열게 되면 문이 바깥의 영향을 받아 살짝 녹게 됩니다. 이 상황에서 문을 다시 닫으면 살짝 녹았던

문이 문틀에 얼어붙어 사람이 안에 갇힐 수도 있는 것이죠. 이를 방지하기 위해 저장고 문에는 열선이 들어 있고, 열선이 내는 열 때문에 문이 얼지 않습니다. 사실 내부가 굉장히 건조하기 때문에 이런 일이 일어날 확률은 희박하지만, 그래도 혹시 있을지 모를 사고에 대비하기 위한 장치입니다.

이런 장치 이외에도 시드볼트는 혹시나 사람이 안에 갇힐 것을 대비하여 내부 비상벨을 비롯한 여러 대비책을 추가로 마련하여 사고 예방에 만전을 기하고 있습니다. 시드볼트의 내부 시설과 관련하여 김진기는 이런 말을 덧붙였습니다.

"사실 사람의 안전은 시드볼트에서 가장 많은 공을 들인 부분이라고 해도 과언이 아닙니다. 시드볼트에서 보관하고 있는 종자가 인류의 미래라고 해도, 그게 사람보다 중요할 수는 없죠. 현재까지 시드볼트에서 씨앗도, 사람도 문제가 생긴 적이 없고, 앞으로도 당연히 없겠지만 설령 씨앗에 문제가 생긴다고 하더라도 무조건 사람이 더 우선입니다. 시드볼트 시스템은 첫째도 사람이고, 둘째도 사람입니다. 씨앗은 한 세 번째 정도 될까요?"

기후, 종자 그리고
시드볼트의 미래

1
식물의 학명과 분류 체계

학명의 기원

우리가 흔히 부르는 식물 이름을 일반명이라고 하고, 각 국가에서 식물에 붙인 이름을 국명이라고 합니다. 일반명과 국명으로 보면 우리나라에서 부르는 식물 이름과, 다른 나라에서 부르는 식물 이름은 다를 수밖에 없겠죠. 이런 방식으로는 인간에게 알려진 전 세계의 식물 종을 일대일로 지칭할 수 없을 뿐만 아니라 세계가 공통으로 사용할 수도 없습니다.

이런 문제 때문에 예전부터 식물의 종을 어떻게 구분할 것이며, 무엇을 근거로 공식 이름을 지을 것인지 많은 논의가 있었습니다. 1700년대 중반까지만 해도 식물 이름을 다명법으로 썼기 때문에 몹시 길어서 부르기도 어려웠고, 그마저 제각각이어서 국가마다 다르게 부르기도 했습니다. 이런 혼란을 종결한 이가 스웨덴의 식물학자 칼 폰 린네입니다. 그는 1753년 식물 이름을 '속명 + 종명'으로 분류한 이명법을 창안해 식물 분류를 체계화하였고, 과학계는 이 명명 방식을 인정하고 받아들였습니다. 지금 관점에서 보면 당연한 것일 수도 있지만, 이름으로 종에 고유의 지위를 부여할 수 있다는 개념은 당시로서는 획기적이었습니다.

세월이 흘러 1867년, 파리에서 열린 제1회 국제식물학회를 통해 국제식물명명규약이 출발합니다. 이 규약을 통해 하나의 식물에는 오직 하나의 유효한 이름만 쓰도록 했고, 린네의 이명법을 식물의 정식 명칭으로 사용하도록 규정했는데, 이를 학명이라고 합니다. 그래서 지금은 전 세계 어디에서나 학명을 보면 그 식물이 어떤 종인지 알 수 있습니다. 이렇게 식물의 종을 구분하는 학문을 '식물분류학'이라고 합니다.

이후 논의와 연구를 거듭하여 학명을 표기하는 국제규약을 더욱 정교하게 발전시켰습니다. 지금은 식물의 학명을 표기할 때 '속명 + 종명 + 명명자'를 붙이는 방식으로 정립하였는데요. 여기서 명명자란 어떤 식물을 처음 발견했거나 이름을 정한 사람을 말합니다. 명명자 자리에는 대개 발견한 사람이 자신의 이름을 붙이는 경우가 많은데, 간혹 발견한 장소명을 붙이기도 합니다. 이것은 명명자가 정하기 나름입니다.

하나의 예를 볼까요. 소나무의 학명은 *Pinus densiflora Siebold et*

*Zuccarini*인데요. 여기서 소나무의 속명은 *Pinus*, 종명은 *densiflora*, 명명자는 *Siebold et Zuccarini*가 됩니다. 이 이름들이 합쳐져 하나의 학명이 되는 것이죠.

정명과 이명

지구에는 30만~50만 종의 야생식물이 자라고 있는 것으로 추정하고 있는데요. 아직 이름을 붙이지 못한 개체가 많이 있습니다. 또 아마존이나 아프리카 지역 같은 곳에서는 지금도 많은 탐구자들이 새로운 식물을 발견해 속속 발표하고 있는 중이기도 하고요.

이렇게 새롭게 발견한 식물에는 국제식물명명규약에 따라 새로운 이름을 부여합니다. 이런 규약을 잘 준수해서 이름을 붙인 식물은 공식적인 이름이라는 의미에서 정명이라 하고, 학명을 붙이기는 했지만 정명으로 인정받지 못한 것은 이명이라고 합니다. 또 식물학계에서 분류법을 다시 정한 경우, 예전에 붙였던 학명도 이명으로 분류합니다.

긴 세월 동안 많은 사람들이 여러 논의를 통해 식물 분류법을 정립하려고 노력해 왔지만 학명은 여전히 불완전한 부분이 많습니다. 식물을 분류하는 방식이 국가나 학자에 따라 엇갈리는 경우도 있습니다. 서로 대립할 때 규약과 상관없이 나라마다 자기가 옳다고 생각하는 쪽으로 제각각 부르는 식이죠. 식물 연구가 아직 완전하지 못해 명칭이 확실히 정해지지 않은 식물명이 존재하기도 하고, 지금까지 널리 통용되던 식물 이름도 해석 차이로 다르게 기록되어 문제를 일으키기도 합니다.

이런 경우도 생각해 볼 수 있습니다. A라는 학자가 어떤 식물을 처음 발견했다고 여기고는 이 식물에 이름을 부여해 발표했습니다. 그런데 알고 보니 이 식물은 이미 2년 전에 B라는 학자가 먼저 발견해 자신의 이름을 붙여 두었던 것입니다. A는 미처 이 사실을 확인하지 못했던 것이고요. 이런 경우 이 식물은 먼저 이름을 부여한 사람에게 우선권이 있습니다. A가 붙인 이름은 공식 명칭인 정명이 아닌 이명이 되어 버립니다. 그런데 A학자의 국가에서 꿋꿋하게 계속 이명을 밀어붙이는 상황이 생길 수도 있는 것이죠.

그 나라에서 어떻게 부르든 우리와 직접적인 연관이 있는 것은 아닙니다만 이름이 제대로 정립되지 못한 종자가 시드볼트로 들어오면 문제가 발생할 수 있습니다. 그렇다고 해서 그 긴 세월 동안 아무도 명확하게 해결하지 못한 문제를 시드볼트 측에서 독단으로 어떻게 할 수는 없습니다. 그저 저장하기 전에 잘못된 것을 찾아, 올바르게 바꿔 놓을 뿐입니다. 그래야 적어도 통계에서 오류가 발생하지는 않을 테니까요.

식물의 분류 체계

앞서 식물의 학명을 정할 때 속명과 종명으로 분류해 정한다고 했는데, 그렇다면 속명은 무엇이고, 종명은 무엇일까요? 모든 생물은 그 나름의 분류 체계가 있습니다. 소위 '계·문·강·목·과·속·종'이라고 부르는데요. 이렇게 계통에 따라 생물을 분류하는 목적은 종간의 유연관계를 밝히고, 그 계통을 체계화하는 데 있습니다.

깊이 파고들어 갈수록 복잡한 개념이지만 여기서는 식물에 관해서만 아주 간단하게 짚어 보도록 하겠습니다.

계 식물계 : 동물계

식물인지 동물인지 구분합니다.

문 현화식물 : 은화식물

식물을 번식 방법에 따라 분류한 것입니다. 간단하게 예를 들면 꽃으로 번식하는 개나리, 나팔꽃 같은 것은 현화식물로, 포자로 번식하는 고사리, 이끼 등은 은화식물로 분류합니다. 포자로 번식하는 식물들은 기온이 낮으면 바로 죽어 버리기 때문에 시드볼트에 저장할 수 없는 것들이고요.

강 겉씨식물 : 속씨식물

꽃으로 번식하는 식물일 경우 겉씨냐, 속씨냐에 따라 나뉩니다. 겉씨식물은 밑씨가 겉으로 드러나 보이지만, 속씨식물은 밑씨가 씨방 안에 싸여 있어서 보이지 않습니다. 소나무, 은행나무, 잣나무 등이 겉씨식물에 속하고, 사과나무, 복숭아나무 등이 속씨식물에 속합니다.

목 생식기관으로 분류

과 형태, 생태학적, 유전적으로 분류

속 유사성을 가진 종의 모임(나리속, 장미속 등)

종 분류학상 최소 기본 단위, 상호 생식이 가능한 집단

이런 구분법에 따라 소나무와 가문비나무를 분류해 보겠습니다.

· **소나무**

식물계 - 겉씨식물문 - 구과식물강 - 구과식물목 - 소나무과 - 소나무속

· **가문비나무**

식물계 - 겉씨식물문 - 구과식물강 - 구과식물목 - 소나무과 - 가문비나무속

이렇게 분류 체계를 나란히 놓고 보니 소나무와 가문비나무가 매우 비슷한 유연관계에 있음을 파악할 수 있습니다.

소나무(왼쪽)와 가문비나무(오른쪽)의 잎. 두 개체가 매우 비슷한 것을 알 수 있다.

간혹 은행나무처럼 어마어마한(?) 분류 체계를 가진 것도 있습니다. 우리가 너무 흔하게 접해서 잘 모르지만 은행나무는 화석식물의 대표 격입니다. 공룡이 지구상에 등장하기 이전부터 존재했는데, 세월이 지나면서 은행나무와 유연관계에 있는 식물은 모두 멸종했지만 유일하게 은행나무만 남아서 지금까지 존재하고 있습니다. 그래서 은행나무의 분류 체계는 무려 '식물계 - 은행나무문 - 은행나무강 - 은행나무목 - 은행나무과 - 은행나무속 - 은행나무종'입니다. 계통수를 자신의 이름만으로 채운 유일한 종이자, 동시에 멸종 위기종이기도 하지요. "은행나무는 굉장히 흔한데 멸종 위기종이라니?"라고 생각할 수 있습니다. 여기에는 두가지 이유가 있습니다. 우선 살펴볼 것은 종의 수입니다. 문과 속 사이에는 수십만

살아 있는 화석으로 불리는 은행나무

종이 있는 것이 일반적이지만 은행나무문에는 유일하게 은행나무 종 하나만 존재하기 때문입니다. 두 번째는 은행나무는 이제 더 이상 야생종이 없다고 볼 수 있기 때문입니다. 아주 예전에는 공룡이 은행나무 씨를 먹어서 퍼뜨려 줬는데요. 이제는 은행나무의 씨나 열매를 먹는 동물이 거의 없죠. 그래서 인간의 개입이 없으면 은행나무는 멸종하고 말 거라는 예측이 있을 정도입니다.

이런 분류 체계로 보면 시드볼트에 저장된 종자는 236과 1,531속 4,982종 137,880점(2021년 12월 31일 기준)입니다. 덧붙이자면 '점'은 같은 시기에, 같은 서식지에서 수집한 하나의 종을 일컫습니다. 같은 종이라도 채집한 지역이나 시기가 다를 경우, 이들 사이에는 유전적인 다양성이 존재할 수 있기 때문에 이때는 서로 다른 개체로 구분합니다. 그럼 점의 수가 달라지겠지요. 씨앗 하나하나는 '립'이라고 합니다. 시드볼트에서는 한 점에 최소 500립 이상의 씨앗을 저장하는 것을 권고하고 있습니다.

분류 체계를 파악하는 것이 중요한 이유

식물의 학명을 도입하고 체계적인 분류법을 정립하려는 이유와, 각 나라나 학자 사이에서 식물의 학명과 분류를 놓고 이런저런 이견과 논란이 생기는 이유는 큰 틀에서 보면 같다고 할 수 있습니다. 종자를 활용하고, 연구하기 위해서는 식물의 올바른 분류와 그에 따른 정보를 파악하는 것이 무엇보다 우선이기 때문입니다. 그런 점에서 식물의 표준화된 국명과 학명을 완성하는 것은 체계적인 국가식물자원관리의 필수 요소이기도 합니다. 그래서 식물분류학은 모든 식물학을 통틀어 가장 기초이자 기본이 되는 학문입니다.

예를 들어 『동의보감』에 A라는 식물 종의 약효에 대한 기록이 있습니다. 기록에는 A에 관한 내용밖에 없지만, 이런 분류 체계를 통해 A와 같은 속에 포함된 식물들을 함께 연구합니다. 이를 통해 A와 같은 속에 포함된 식물은 약효가 얼마나 있는지, 더 뛰어난 효능을 가지고 있지는 않은지 알아볼 수 있는 것이죠. 보통 A가 어떤 약효가 있다면 그와 속으로 묶인 식물은 A에 비해 효능이 낮을 수는 있어도 효능 자체가 없을 확률은 매우 낮은 편입니다.

속으로 묶인다는 건 굉장히 가까운 사이를 의미합니다. 식물 분류에서 과로 묶이는 것을 가족이라고 보는데요. 속은 가족보다 더 가깝다고 할 수 있습니다. 그래서 약학이나 한의학 쪽에서는 식물을 속별로 채종해서 키운 다음 종자로 분리해 함께 연구를 진행하곤 합니다. 같은 맥락에서 화장품도 마찬가지입니다. 예를 들어 창포가 머릿결을 좋게 한다는 기록이 있다면 그걸 과학적으로 실험하고 검증하는 동시에 창포와 같은 속에 있는 식물도 함께 비교하면서 가장 효과적인 방법을 찾는 것입니다.

우리나라 자생식물의 학명에 관한 씁쓸한 이야기

그렇다면 우리나라 식물분류학 역사는 어떨까요? 안타깝게도 우리나라는 식물분류학 개념을 도입하는 것 자체가 매우 늦었습니다. 전 세계적으로 식물 분류에 대한 중요성을 서서히 인식할 무렵인 1700년대에 조선은 아직 식물을 체계적으로 분류하고 연구할 인식도 토대도 부족했습니다. 일제 강점기에 들어서야 식물에 대한 연구를 조금씩 하기 시작했습니다. 이것도 사실 우리나라에서 식물연구를 했다고 할 수는 없습니다. 일본인들이 와서 보니 우리나라 식물과 일본 식물이 다르다는 걸 파악했고, 이때부터 '우리나라 식물'을 '일본인'들이 연구하기 시작했으니까요.

앞서 식물 학명을 지을 때 그 식물을 처음 발견한 사람의 이름을 붙이는 것이 일반적이라는 이야기를 했었죠. 일제 강점기 시절 일본인들이 우리나라 식물을 연구했기 때문에 우리나라 자생식물임에도 일본인 이름이 붙은 것이 있는데, 특히 가장 활발하게 활동했던 일본 식물학자 나카이 다케노신의 이름을 딴 식물이 많습니다. 예를 들면 울릉도의 자생식물인 섬패랭이꽃*Dianthus littorosus Makino ex Nakai*의 학명도 그렇고, 한국 전역에 분포하는 노루귀*Hepatica asiatica Nakai*의 학명도 그렇습니다. 때로 명명자의 이름이 아니라 장소명을 붙이기도 하는데요. 그래서 분명 울릉도 특산 식물인데 뒤에 'takesimana' 혹은 'takesimensis'가 붙어 있는 것도 꽤 있습니다.

이들이 우리나라에 자생하는 식물을 발견한 후 이름만 붙이고 얌전히 '현지 내 보존'을 했을 리 없습니다. 나카이는 근 10년을 한국에 머물면서 탐사대와 함께 백두산에서 한라산까지 전국을 돌며 우리나라에 자생하는 대부분의 식물을 반출했습니다. 그 자료들은

노루귀꽃

조선의 기후와 토양과 생태를 파악하는 중요한 정보가 되었죠. 기후와 토양과 생태를 알면 삶도 알 수 있습니다. 이런 작업들이 우리나라를 지배하는 데 주요하게 활용되었습니다.

　　일제 강점기 시절 일본에 수탈당한 것이 어디 한둘이겠습니까마는 그중에 수많은 우리나라 식물도 있다는 사실은 많이 알려져 있지 않습니다. 우리나라 자생식물에 붙은 학명에마저도 아픈 역사의 흔적이 있습니다. 나카이는 이렇게 가지고 간 우리나라 자생식물에 대해 연구한 결과를 묶어 『조선삼림식물편』이라는 책을 출간하기도 했습니다. 이 책은 현재까지도 우리나라 식물에 관한 중요한 교본으로 활용되고 있습니다. 일본 학자가 한국에 와 소중한 자원을 빼앗고, 자신의 이름을 붙이고, 도감을 썼습니다. 하지만 우리는 당시만 해도 자생식물의 중요함조차 몰랐습니다. 물론 지난 역사를 바꿀 도리는 없습니다. 아마 시간을 돌린다 해도 당시 상황에 비춰 봤을 때 어찌할 방법은 없을 겁니다. 나라를 빼앗기고, 글을 빼앗기고, 사람이 죽어 나가는 와중에 식물이라고 지킬 수 있을 리 없습니다.

과거의 아픔은 과거의 것으로 두고 우리는 미래를 준비해야 합니다. 지금이라도 우리나라 자생식물에 더 많은 관심을 가지고, 육성하고 보존해야 합니다. 시드볼트는 시드볼트의 역할이 있고, 수목원은 수목원이 할 수 있는 일이 있습니다. 그 일환으로 국립수목원에서는 우리나라 자생식물의 이름을 바로잡기 위한 여러 활동을 펼쳐 왔습니다. 그 예 중 하나로 소나무 이름을 되찾은 것을 들 수 있습니다. 소나무는 우리나라를 대표하는 식물 중 하나라고 할 수 있는데요. 그런 소나무의 과거 영어 명칭은 어이없게도 'Japanese red pine 일본 적송'이었습니다. 19세기 중반 소나무를 국제 사회에 처음으로 알린 독일 생물학자 지볼트가 일본에 머물 때 이름을 지었기 때문입니다. 식물 원산지 주권에 주목하던 국립수목원은 2015년 광복 70주년을 맞아 『한반도 자생식물 영어이름 목록집』을 발간해 소나무의 영어 이름을 'Korean red pine 한국적송'으로 바꾸었습니다.

울릉도 특산식물인 섬벚나무도 마찬가지인데요. 이 또한 식물학자 나카이가 'Takeshima flowering cherry 다케시마 벚나무'라고 이름 붙이면서 계속 쓰이고 있었습니다. 우리나라 울릉도에서 자라는 '다케시마 벚나무'도 2015년에 드디어 울릉도 벚나무라는 뜻의

'Ulleungdo flowering cherry'라는 새 이름(우리나라에서 쓰는 정식 명칭은 '섬벚나무')을 얻을 수 있었습니다. 당시 이유미 국립수목원장은 "식물 이름은 단순한 이름이 아니라, 민족의 문화와 역사 그리고 식물이 가진 가치를 포함하는 상징이므로 올바른 영어 이름으로 불릴 수 있도록 알리는 것이 중요하다."라고 말하기도 했지요.

이렇게 수목원 차원에서 바로잡아야 하는 일 외에 우리 모두가 할 수 있는 일도 있을 것입니다. 식물의 중요성을 알고, 지키고, 보호하는 일이겠지요. 꼭 거창하고 대단한 노력을 해야 하는 것은 아닙니다. 자연을 함부로 훼손하지 않는 것, 자생식물에 관한 이 아픈 역사를 기억하는 것, 그리고 미래를 준비하기 위해 종자를 지키는 것. 이 정도만으로도 충분하지 않을까요?

이 목록집은 식물 주권을 찾기 위한 작은 노력이다.

2

야생식물은 왜 중요한가?

야생식물과 재배식물의 개념을 다시 한번 정리하겠습니다.

야생식물이란 사람의 손을 타지 않고 자연에서 스스로 자라는 식물을 말합니다. 같은 맥락에서, 도시의 돌 틈 사이에서 자라는 식물도 넓은 개념으로 보면 야생식물이라고 할 수 있습니다. 반대로 사람 손을 탄 식물을 재배식물이라고 합니다. 사람이 우연한 계기로 야생식물을 먹어 보니 맛있어서 키우기 시작했고, 키우다 보니 좀 더 편하게, 좀 더 맛있게, 좀 더 균일하게 재배할 수 있는 방법을 연구하면서 '품종'이라는 개념이 탄생한 것이지요. 지금 우리가 알고 있는 재배식물의 근원을 따져 보면 원래는 모두 야생식물에서 비롯되었습니다.

야생식물이 중요한 첫 번째 이유가 여기에 있습니다. 야생식물은 재배식물의 시작점입니다. 세상에 존재하는 모든 재배식물은 결국 야생식물이 있어야만 파생할 수 있습니다.

그런데 지금 우리가 먹고 있는 재배식물의 종류는 그리 많지 않습니다. 현재 대표적인 재배식물은 대략 30종 정도로 알려져 있습니다. 물론 콩, 벼, 밀 이런 식으로 큰 분류군으로 따졌을 때의 이야기입니다. 세세하게 보자면 훨씬 많긴 하죠. 하지만 야생식물과 비교할 순 없습니다.

앞서 전 세계 야생식물을 30만~50만 종이라고 보고 있다고 했는데요. 좀 이상하지 않나요? 30만 종이면 30만 종이고, 50만 종이면 50만 종이지 30만~50만은 그 범위가 너무 넓죠. 그 이유는 아직 밝혀지지 않은 것들, 사라지고 있는 것들, 새롭게 발견되는 것들이 너무 많기 때문입니다. 일일이 이를 파악하고 헤아릴 수 없다 보니 세밀한 통계를 작성할 수도 없고, 수치를 정할 수도 없죠. 그래서 대략적인 범위로만 제시하고 있습니다. 그만큼 앞으로 알아내야 할 것이 많은 미지의 영역이라고 할 수 있습니다. 야생식물은, 잘만 연구하고 활용한다면 언제든 이용할 수 있는 재배식물이 될 수 있습니다.

언젠가 '재배식물이 될 가능성'이 있다는 점을 배제하고도 중요한 이유는 또 있습니다. 재배식물은 사람이 편한 방향으로 가꾸고 바꾼 것입니다. 그래서 재배식물은 모두 같은 유전자를 가지고 있습니다. 하나의 재배식물이 어떤 병에 걸리면 다른 것들도 함께 걸릴 가능성이 있습니다.

동물을 예로 생각해 보면 좀 이해가 쉬울 것 같습니다. 소위 품종견, 품종묘라고 부르는 개나 고양이는 유전병을 가지고 있는 경우가 많습니다. 대부분의 소형견들은 슬개골탈구에 걸릴 확률이 높고, 귀가 접힌 것이 특징인 스코티시폴드는 대부분 골연골이형성증을 앓고 있지요.

이것도 결국 인간이 예쁜 '품종'을 만들기 위해 비슷한 유전자를 가진 아이들을 교배하면서 생긴 일인데요. 유전학상 비슷한 유전자를 교배하면 특정 병에 취약해질 수밖에 없습니다. 과거 유럽 왕가에서 근친결혼이 성행할 때 유전병이 많이 돌았는데 이것과 비슷한 개념입니다.

식물도 예외일 수 없습니다. 대표적인 예로 바나나를 들 수 있는데요. 지금 전 세계적으로 우리가 먹는 바나나는 변종 파나마병에 걸려 있습니다. 사람이 먹기 좋고, 재배하기 편하게 개량되면서, 환경에 저항할 수 있는 기능이 삭제되고 만 것입니다. 바나나를 재배하는 사람 입장에서 보면 크고, 맛있고, 예쁘게 자라면 그만이지 이바나나가 병에 저항하는 유전자가 있든 없든 뭐가 그리 중요하겠습니까.

문제는 재배되고 있는 바나나가 모두 변종 파나마병에 저항할 유전자가 없기 때문에 이 병을 치료할 수 있는 방법 또한 없다는 데 있습니다. 우리가 먹는 바나나는 영양 번식이라고 해서 똑같은 것을 계속 증식시킵니다. 이렇게 유전자가 그대로 가니까, 병에 취약한 점도 그대로 옮겨 가는 것이죠.

　이런 경우 해결책은 하나입니다. 재배되고 있는 바나나 말고 원래 있던 바나나 야생종을 가지고 연구하는 것입니다. 야생식물은 자연환경에 따라 다양하게 변할 수 있는 유전자 풀pool을 가지고 있기 때문에 야생 바나나를 연구하면 이 병에 저항할 수 있는 유전자를 찾을 가능성이 높습니다. 이렇게 해서 적절한 유전자를 찾으면 바나나를 살릴 수 있는 것이고, 찾지 못하면 우리는 이제 영영 바나나를 먹지 못하게 될 수도 있습니다.

　여기서도 문제는 있습니다. 변종 파나마병에 내성을 갖고 있는 야생 마다가스카르 바나나는 심각한 멸종 위기에 처해 있습니다. 전 세계에 딱 다섯 그루밖에 남지 않았습니다. 이 다섯 그루의 야생

마다가스카르 바나나를 가지고 병에 저항할 수 있는 유전자를 찾아
내야만 합니다.

바나나 재배가 돈이 되기 시작한 지 오래이고, 관련 재배 기술은
더욱 발전했지만 이것에만 집착해 야생 바나나를 지키고 보존하는
노력은 전혀 하지 않았던 인간의 욕심과 무지로 인해 바나나가 전
세계에서 자취를 감출 수도 있는 지경까지 온 것입니다. 현재도 바
나나를 살리기 위한 연구는 계속되고 있습니다.

바나나를 이야기했지만 이것은 야생식물 종자를 지키고 보존하
는 일이 얼마나 중요한가를 보여 주는 아주 단편적인 예일 뿐입니
다. 이게 바나나가 아니라 더 중요한 작물이라면 어떨까요? 그때는
정말 돌이킬 수 없는 큰 타격이 올 수도 있겠죠. 결국 야생식물 종자
를 보존하는 것은 유전자 풀을 지키는 데도 큰 의미가 있습니다.

생태계의 기본이 되는 야생식물

연구하기에 따라 야생식물이 재배식물로 거듭날 수 있다는 것은 인간의 입장에서 중요한 측면입니다만, 환경 관점에서 봤을 때도 야생식물을 보호해야 하는 분명한 이유가 있습니다.

야생식물은 지구의 거대한 생태계를 이루는 근간입니다. 근간이라는 한자어는 뿌리와 줄기라는 뜻인데, 비유적인 의미에서도 그렇지만 실제로도 이들이 지구 환경에 뿌리를 내리고 줄기를 키우지 않으면 안 됩니다. 하나의 식물에는 그 식물에 기생하는 수많은 곤충이나 동물 들이 유기적으로 연결되어 있습니다. 그래서 하나의 식물이 사라진다는 것은 곧 그 서식지가 파괴된다는 것이고, 이는 다시 말하면 그 식물을 둘러싼 생태계 전체가 무너질 수 있다는 뜻입니다.

야생식물 종자 연구 수준

이렇게 중요한 야생식물에 관해서 전 세계적으로는 어느 정도 연구가 되었을까요? 종자 기준으로 보면 고작 5~10퍼센트 정도에 불과합니다. 우리나라 실정도 크게 다르지 않고요.

물론 이유는 있지요. 야생식물은 종류도 워낙 많고, 연구해야 할 범위도 매우 넓습니다. 결실 상태나 성숙의 정도는 해마다 다르고, 기후에 따라 다릅니다. 종자가 얼마나 익었는지에 따라 싹을 틔우는 것도 다르고, 발아 상태도 다릅니다. 야생식물에 대해 정확히 알려면 이런 수많은 변수 하나하나를 모두 연구해야 합니다.

저장 측면에서도 마찬가지입니다. 한반도는 온대 지역이라 자생식물의 약 70퍼센트 정도는 무난하게 저장된다고 알려져 있지만, 그중에는 발아하지 못하는 것들도 많습니다. 발아를 하지 못하는 것들은 왜 그런지, 저장이 된다고 알려져 있는 것은 또 얼마나 저장되는지 등등 과학적으로 증명한 것은 많지 않습니다. 게다가 아열대나 더운 지역 식물들 같은 경우 거의 저장이 안 되는데, 그렇다면 그런 것들은 왜 저장이 안 되는지, 또 어떻게 저장해야 하는지 정확히 밝히지 못했죠.

유전자 지도를 만드는 연구 부분에서도 실정은 크게 다르지 않습니다. 현재 널리 알려진 재배작물들을 비롯해 소위 돈이 되는 작물들은 온갖 연구를 진행하고 있습니다. 쌀이나 인삼 같은 것들이 대표적인데요. 유전자 지도는 물론 유전자가 어떻게 이루어져 있는지, 그와 관련한 다양한 연계 반응은 무엇인지 등등 많은 연구 성과가 있었습니다. 그런 작물들은 유전자 조작도 할 수 있고, 문제가 생기면 필요한 영양분을 주거나, 성장을 촉진할 수 있는 호르몬을 주입할 수도 있습니다.

그에 비해 야생식물에 관한 실험 범위는 아직까지도 매우 좁은 실정이지요. 중요하다고 생각하는 야생식물을 우선순위에 두고 연구를 진행하고 있기도 하고, 근래 5~7년 사이에는 여러 야생식물의 유전자 지도를 만들기도 하는 등 주목할 만한 성과를 내기도 했지만 전체적으로 보면 한정된 범위 안에서 이룬 결과여서 아쉬움이 남습니다.

현재 우리나라 야생식물은 약 4,000여 종으로 알려져 있습니다. 그중에서 어느 정도 연구를 진행한 것은 약 100종 내외입니다. 본격적으로 야생식물 연구를 하기 시작한 것이 고작 10~20년 사이임을 감안하면 100이라는 숫자도 대단한 성과이긴 하지만 아직 연구에 착수하지도 않은 것이 3,900종 정도인 것을 생각해 보면 이제 막 걸음마를 뗀 단계라고 할 수 있습니다.

가야 할 길이 멀지만 우리나라도 종자 연구에 박차를 가하고 있는 중입니다. 예전에는 종자 연구라고 하면 종자를 흙에 뿌렸을 때 자라는지 자라지 않는지, 어떤 종자가 싹이 나려면 봄에 파종해야 하는지 여름에 파종해야 하는지 정도의 차원이었다면 이제는 훨씬 더 과학적이고 심층적입니다. 앞서 소개한 연구실에서 하고 있는 것들에 대한 설명만 봐도 그 수준이 얼마나 높아졌는지 어느 정도 짐작할 수 있지요. 역사는 얼마 되지 않았지만 이제 우리나라 야생식물 연구는 전 세계 어디와 견주어도 뒤지지 않는 실정이고, 실제 식물 종자를 연구하는 사람들도 점점 늘어나고 있는 추세입니다.

학문 쪽에서 보면 예전에는 종자 자체를 전공하는 사람들이 전무하다고 해도 과언이 아니었습니다. 원예나 생물학을 전공한 사람들이 같은 식물의 연구 분야니까 곁다리로 종자 연구를 하는 수준이었지요. 하지만 이제는 이 분야를 전공하는 교수들은 물론이고, 학생들도 조금씩 종자 연구라는 분야에 관심을 갖고 공부하고 있습니다.

따지고 보면 이런 연구는 인력도 인력이지만, 예산과 교육 과정, 연구 시설 등 다양한 학문 기반이 있어야 가능한 일입니다. 그 중심에 시드볼트가 있습니다. 시드볼트를 매개로 야생식물 연구의 인프라를 탄탄히 구축하고 있습니다. 시간과 자료가 쌓이면 쌓일수록 우리는 더 많은 것을 이루어 낼 것입니다. 지금까지 걸어온 길보다, 앞으로 걸어갈 길이 훨씬 더 기대에 부푸는 이유입니다. 이것은 희망이고, 염원이자, 동시에 확신입니다.

3
흥미로운 시드볼트의
종자 이야기

약 4,000종에 달하는 우리나라 야생식물 종자 중에서 현재 시드볼트에 저장되어 있는 종자는 얼마나 될까요? 사실 알려진 4,000종 중에는 북한에만 자생하는 식물도 있고, 정말 희귀해서 보기 힘든 것이나 절멸된 것도 있습니다.

참고로 문서나 문헌에는 있지만 실제로는 관찰할 수 없는 것을 절멸이라고 하고, 아예 지구에서 볼 수 없는 것은 멸종이라고 합니다. 비록 최근에 관찰하기는 쉽지 않더라도 어딘가에는 있을 수도 있기 때문에 쉽게 절멸이라고 말하지는 않습니다. 실제로도 국내 종자 중 절멸 판정을 받은 건 4종입니다.

이외에 분류학적으로 같은 종인데 다른 종처럼 이름이 잡혀 있는 것도 많습니다. 예전에 식물 분류 관련 지식과 조사가 미흡했던 시절에 벌어진 일이죠. 그래서 실제 식물 조사를 하면서 찾을 수 있는 것들은 대략 3,000종 정도로 봅니다. 이 중에서 종자식물로 분류할 수 있는 건 또 70퍼센트 정도입니다. 고사리, 이끼 같은 포자류는 저장이 안 되고, 난초 같은 경우도 저장이 어려운 편이라 시드볼트에 일부 종류만 들어와 있는 상태입니다. 참나무, 도토리나무, 가시나무처럼 나무 종류 중에서도 저장이 안 되는 종이 있습니다. 이런 것들을 빼면 대략 1,500종 정도인데 대부분은 시드볼트에서 이 종자들을 보존하고 있습니다.

시드볼트가 특정 종을 선별하거나 이를 따로 모으는 것은 아니지만, 대부분의 수목원이나 기관이 희귀식물, 고산식물, 특산식물 위주로 수집을 하는 만큼 해당 종이 많이 들어와 있습니다. 기관들도 만약을 대비하기 때문인데요. 그래서 이번 장에서는 시드볼트가 품고 있는 종자들 중에서 재미있거나, 흥미로운 것을 몇 가지 소개하겠습니다.

고려 연꽃

고려 시대 연꽃이라고 불리는 '아라홍련'은 2009년 언론을 통해 일반에도 꽤 널리 알려졌는데요. 당시 함안 지역에서 유적지를 발굴하다가 우연히 10알 정도의 연꽃 씨앗을 발견했습니다. 너무도 오랫동안 묻혀 있었기 때문에 반신반의했지만 씨앗은 생명의 싹을 틔웠습니다. 호기심을 갖고 지켜보던 사람들이 환호했고, 학자들은

아라홍련 종자

연구를 통해 이 종자가 무려 700년 전의 것이라는 사실을 밝혀냈습니다. 시대를 뛰어넘은 이 환생과도 같은 재림은 당연히 화제의 중심에 설 수밖에 없었죠.

연구자들은 연꽃 씨앗이 매우 단단하기 때문에 기본적으로 나쁜 물질로부터 스스로를 지켜 낼 수 있는 힘이 있었던 데다, 당시 씨앗이 발견된 유적지가 진흙으로 되어 있었는데 진흙이 마치 진공 포장 역할을 해서 씨앗이 오랜 세월 동안 보존될 수 있었던 것이 아닐까 추정했습니다. 700년이라는 긴 시간을 기다려 결국 꽃을 틔운 것을 생각해 보면 정말 생명이 가진 힘이란 얼마나 크고 강한지를 잘 보여 주는 방증이 아닌가 싶습니다. 현재 함안은 아라홍련 번식에 성공해 매년 축제까지 열 정도가 되었습니다. 군집을 이룬 연꽃에서 생명의 위대함을 새삼 느낄 수 있습니다.

경주 월성 지구에서 유물을 출토할 때도 가시연꽃 종자를 많이 발견했는데 아쉽게도 현재까지 발아에 성공한 것은 없습니다. 하지만 아라홍련처럼 성공적인 선례가 있으니, 월성 가시연꽃 씨앗뿐 아니라 또 다른 고대 씨앗들이 계속 등장해 21세기에 새롭게 싹을 틔우지 않을까 하는 기대를 품고 있습니다.

아라홍련

2019년, 시드볼트는 함안 지역에서 10년 동안 해마다 따서 모은 종자를 받아서 보관하고 있습니다. 과거의 씨를 받아 미래의 싹을 틔우기 위한 또 하나의 행보입니다.

울창했던 시절의 해인사 전나무

해인사 전나무

해인사 전나무에는 재미있는 전설이 있습니다. 신라 시대의 학자인 고운 최치원이 해인사를 지나다 지팡이를 꽂았는데, 그 지팡이가 나무가 되었다는 이야기입니다. 이 전나무를 최치원 선생의 벼슬이었던 신라 학림학사에서 이름을 따 학사대 전나무라고 부르기도 했습니다.

이 이야기가 진짜라면 수령이 1,000년이 넘었겠으나 실제 수령은 250년가량입니다. 비록 전설 속 나무는 아니라도 수령이 250년이라면 역시 고목이라고 할 수 있습니다. 또 학사대 후계목이라는 문헌도 있으니 상당히 중요한 나무라고 볼 수 있겠죠. 이런 가치를

태풍 링링으로 부러진 해인사 전나무

인정받아 1998년에 경상남도 기념물로 지정되기도 했습니다.

그런데 이 나무가 2019년 태풍 링링이 왔을 때 그만 부러지고 말았습니다. 불행 중 다행으로 이때가 여름이라 나무가 열매를 맺은 상태였습니다. 시드볼트운영센터에서 부리나케 출동해 무사히 전나무의 씨앗을 받아 올 수 있었고, 현재 안전하게 시드볼트에 저장하고 있습니다.

학사대 전나무 씨앗

나무가 부러졌을 당시 안타깝게도 기념물에서 해제가 되었는데, 시드볼트 종자로 환생해 다시 기념물이 되는 날이 오기를 바랍니다.

버들바늘꽃
흔히 식물에는 국경이 없다고 하죠. 식물은 우리가 생각하는 것

버들바늘꽃

버들바늘꽃 종자 현미경 사진

보다 훨씬 멀리까지 퍼져 나가고, 그곳에 안착에 마치 처음부터 거기에서 나고 자란 것처럼 평화롭게 자리 잡고 살아갑니다. 하지만 막상 식물을 전공한 사람들도 이런 사실을 실제로 체감하는 경우는 흔치 않습니다.

위와 같은 신기한 일을 학자들에게 직접 보여 준 것은 서아시아에서 온 버들바늘꽃입니다. 우리나라에는 북부 지방을 비롯한 백두산 등지에 자생하고 있습니다. 그런데 서아시아에 자생하는 버들바늘꽃이 우리나라의 버들바늘꽃과 거의 차이가 없어서 식물을 연구하는 사람들 사이에서는 같은 식물이 여기서부터 그 먼 서아시아까지 퍼져 있다는 사실에 흥미로워했다고 합니다.

강화황기

바닷가에서 자라는 식물입니다. 예전에는 일본에만 있다고 알려졌는데, 강화도 지역에 서식하고 있는 것을 발견했습니다. 새로운 식물은 아니지만 우리나라 입장에선 새로운 자생지를 찾은 셈입니다. 아직까지도 우리나라는 산을 식물의 주요 입지로 보고 있는 실정이지만, 삼면이 바다로 둘러싸여 있는 만큼 바닷가 주변에 자생하는 식물도 굉장히 많을 것입니다. 지금 한창 건립 중인 새만금수목원이 지어지면, 본격적으로 바다 근처에 자생하는 식물 연구를 진행할 것으로 기대하고 있습니다.

강화황기

그리고 구상나무 이야기

시드볼트뿐만 아니라 백두대간 전체에서 가장 상징적인 식물을 하나만 꼽으라면 단연 구상나무라고 할 수 있는데요. 여기에는 특별한 이유가 몇 가지 있습니다. 우선 구상나무에도 우리의 아픈 역사가 있습니다. 앞서 일본에서 우리나라 식물을 수탈해 갔던 이야기를 했었는데요. 분하고, 화나는 일임에 분명합니다. 그런데 식물 역사에서 일본보다 한술 더 뜬 나라가 있었으니, 바로 미국입니다.

구상나무

　미국이 벌인 우리나라 자생식물 수탈 역사를 알기 위해 우선 1984년으로 가 봅시다. 당시 미국은 우리나라 정부의 묵인과 자국 거대 제약 회사의 지원 아래 5년간 무려 950종, 6,000여 점의 자생식물을 반출해 갔습니다. 미국은 우리나라 자생식물들을 '잘' 연구하고 재배해 현재까지도 311가지에 달하는 원종을 버젓이 판매하고 있습니다. 물론 우리나라는 아무런 대가도 받지 못하고 있는 실정이고요.

　외국에서 가져간 우리나라 자생식물 중에서 큰돈이 되는 것 중 하나가 바로 구상나무인데, 구상나무는 우리나라에서만 자라던 대

구상나무 트리

표적인 고산식물로, 소나무과 상록 교목의 한 종류입니다. 구상나무
가 외국에 처음 알려지게 된 것은 영국의 식물학자 어니스트 윌슨
이 1920년 한 보고집에 구상나무를 관찰한 글을 발표하면서부터입
니다. 이 무렵 구상나무가 해외로 반출되어 개량이 이루어졌는데, 현
재는 개량종의 특허권이 외국에 있습니다. 다른 소나무과 품종에 비
해 구상나무를 개량해서 만든 트리가 예뻐서 잘 팔린다고 합니다.

우리나라에서 자라는 구상나무는 사실 그렇게 수려하지는 않습니다. 잔가지도 많고, 나뭇잎이 듬성듬성 나는 편인데, 미국에서 이걸 개량해 아름다운 트리로 만들어 큰돈을 벌고 있는 것이죠. 개량도 원종이 있어야 할 수 있는데, 그 원종이 바로 우리나라에서만 자생하던 구상나무입니다. 그런데 이제는 사정이 바뀌어 만약 우리나라가 구상나무를 이용해 크리스마스트리용 나무로 만들면 오히려 미국에 로열티를 지불해야 하는 실정입니다.

그래도 일본은 우리나라 식물을 가지고 가서 도감도 만들었지만, 미국은 철저히 돈벌이로 이용하고 있으니 이래저래 분통이 터지는 일입니다.

사실 이런 일은 우리나라뿐 아니라 세계 여러 나라에서 비일비재하게 벌어졌습니다. 우리나라는 이제 자체적으로 종자 연구를 할 수 있게 되면서 사정이 나아졌지만 개발도상국들은 최근까지도 이런 일을 많이 당했습니다.

이런 예로는 약용 허브를 들 수 있습니다. 전통적으로 구전되어 내려오면서 약으로 알려진 식물이 있으면 유럽이나 미국의 큰 제약 회사에서 이 허브를 몰래 채취해 실험하는 식이죠. 약효가 과학적으로 밝혀지면 식물 성분을 이용해 약으로 만들어 판매합니다. 만약 이 허브가 해당 나라에서만 나는 식물이라면 그 나라는 아무것도 모른 채 자신들의 권리를 빼앗기는 셈입니다.

이런 일들이 너무 횡행하자 2010년 일본 나고야에서 생물자원을 활용하여 생기는 이익을 공유하자는 국제협약을 맺었습니다. 이

협약을 통해 나온 것이 바로 나고야 의정서입니다. 사실 우리나라의 수많은 자생식물을 수탈한 일본에서 이런 협약이 맺어졌다는 것이 좀 아이러니합니다만, 나고야 의정서 채택 이후 다른 나라의 종자를 연구하려면 자원을 제공하는 나라의 승인을 받아야 하고, 금전적이든 비금전적이든 발생하는 이익은 상호 협의 된 계약 조건에 따라 공유해야 한다는 점에서 성과가 있었다고 할 수 있습니다. 나고야 의정서 자체가 강제성을 띠는 건 아니지만 비도덕적인 경제 수탈을 막는 장치를 하나 마련한 셈입니다.

이런 일련의 상황에 비추어 볼 때 구상나무는 우리나라가 힘없고, 기술이 없다는 이유로 소중한 자원을 빼앗겨야만 했던 시절의 서러움을 극명하게 보여 주는 예라고 할 수 있습니다. 과거 나약했던 우리나라가 이제 우리나라 야생식물은 물론 전 세계 야생식물까지 지킬 수 있는 시드볼트를 만들었으니 한편으로는 뿌듯한 일이기도 하지요.

덧붙여 구상나무가 백두대간의 상징이라고 할 수 있는 이유는 이게 전부가 아닙니다. 그보다 훨씬 더 크고, 중요한 이유가 있는데요. 그것은 뒤에서 다시 설명하겠습니다.

4

우리의 삶을
위협하고 있는 기후 위기

이 책의 첫 부분에서 시드볼트를 말하기 위해서는 가장 먼저 기후 위기에 대해 이야기해야 한다고 했습니다. 마지막도 마찬가지입니다. 시드볼트의 출발이 기후 위기였듯, 앞으로 시드볼트가 나가야 길도 기후 위기라는 당면한 과제 안에 자리하고 있기 때문입니다.

조금씩 전조를 보이던 기후위기는 2021년부터 마치 폭발하듯 지구촌 곳곳을 위협하고 있습니다. 독일, 벨기에, 스위스 등지에서 최악의 홍수가 일어나 160명이 넘는 사망자가 발생했습니다. 홍수의 피해는 유럽뿐만이 아닙니다. 인도, 우간다, 콜롬비아를 비롯해 중국 정저우에도 기록적인 폭우가 내렸습니다. 사흘 만에 일 년 치 비가 쏟아져 터널이 침수됐고, 수많은 사람이 목숨을 잃었습니다.

　지구 한쪽에서는 홍수로 사람들이 죽어 가는데, 다른 쪽에서는
폭염과 산불로 신음하고 있습니다. 추운 도시로 유명한 사하공화국
의 야쿠츠크에는 갑자기 이어진 폭염의 영향으로 대형 산불이 발생
해 심각한 피해를 입었고, 서울 면적의 20배가 넘는 규모의 산림이
소실됐습니다. 미국 서부에도 대형 산불이 발생해 서울 면적의 8배

규모 산림이 사라지고 말았습니다. 하와이에도 2주 넘게 '최악의 산불'이 발생해 여의도 면적의 62배를 태웠습니다. 폭염은 산불을 일으키고, 산불은 다시 폭염을 가속화하면서 악순환을 반복합니다.

독일, 벨기에, 스위스, 미국 등 부강한 나라마저도 이상 기후라

는 자연의 거대한 공격 앞에서 얼마나 무력한지 여실히 드러났습니다. 어느 기후 운동가의 말마따나 이제 안전한 곳은 지구 위 어디에도 없습니다.

이런 실질적인 위기는 갑자기 일어난 것이 아닙니다. 이미 너무나 많은 전조들이 있었습니다. 지난 100년간 전 세계 생물 종 중 20퍼센트가 사라졌습니다. 식물도 사정은 다르지 않습니다. 현재 멸종 위기종이라고 할 수 있는 식물은 전체의 15퍼센트에 달합니다. 2020년 영국 큐식물원은, 멸종 위기까지는 아니지만 우려할 만한 수준에 있는 식물까지 범위를 넓히면 전체의 39.6퍼센트가 위험에 처해 있다는 발표를 내놓았습니다. 참고로 큐식물원은 2016년에 냈던 보고서에서는 위험 수위에 있다고 파악한 식물이 전체의 26퍼센트라고 발표했었습니다. 단 4년 만에 이렇게 위험도가 높아졌다는 것은 지금 기후 변화가 얼마나 급격히 이루어지고 있는지를 단적으로 보여 줍니다.

당연히 우리나라도 이런 위기에서 안전하지 않습니다. 현재 산림청은 멸종 위기에 처한 우리나라 식물이 571종이라고 발표했습니다. 식물이 사라져 가고 있다는 건 한 번 가서는 알 수 없습니다. 여러 해에 거쳐 관찰하면서 서식지 감소, 한 서식지 내 범위 감소, 개체수 감소 등 여러 요인을 검토해 파악하는데요. 이런 복합적인 관찰을 통해 멸종 위기에 처했다고 판단한 희귀식물이 571종입니다. 4,000종 중에 571종이면 14퍼센트가 넘으니 결코 적은 수치는 아닙니다. 우리나라도 위험 수위에 있는 것까지 범위를 넓히면 훨씬 늘어납니다.

대부분 생명체가 그렇듯 식물도 자연환경에 적응하기 마련입니다. 그렇게 바뀐 환경에 녹아들어 살아남기도 하고, 때로 환경에 의해 멸종하기도 하고, 또 어떤 경우에는 새로 태어나기도 합니다. 다만 지금 가장 큰 문제는 이 변화가 너무 급격하게 일어난다는 데 있습니다. 미처 식물이 환경에 적응할 겨를이 없습니다. 인간의 무분별한 개입과 방종이 없었더라면, 온도가 올라가더라도 훨씬 완만한 변화였을 것입니다.

기후 변화에 관한 정부 간 협의체IPCC는 2021년 8월 기후가 어떻게 변하고 있는지, 이 변화는 얼마나 위험한지 과학적 근거를 담은 IPCC 제6차 평가 보고서를 발표했습니다. 이 보고서 핵심은 기후 변화 진행 속도는 더욱 빨라졌고, 인류가 대응할 시간은 그만큼 줄었다는 것입니다.

이 책 첫 부분에서 지구 온도는 산업혁명 이전에 비해 1도 상승했다고 얘기했었죠. 세계 각국은 2015년 파리협정을 통해 기후 재앙의 마지노선을 지구 온도 1.5도 상승으로 설정하고, 이를 지키자고 결의한 바 있습니다.

지구 온도가 산업혁명 이전에 비해 1.5도 이상 상승하게 되면 현재에 비해 폭염 발생 빈도가 2배 가까이 늘어나는 초극단적 기후 위기가 일상화될 것이라고 합니다. 또 해수면 상승으로 태평양에 있는 많은 섬나라들이 물에 잠기고, 농작물 수확이 불가능해지는 것은 물론 식수난과 식량난이 초래될 전망입니다. 2050년 탄소 중립을 이룬다 해도 몰디브 등 여러 나라가 21세기 내에 잠길 수도 있다고 하죠.

게다가 인류가 내일부터 당장 탄소를 하나도 쓰지 않는다 해도 기온은 올라갑니다. 우리가 지금까지 쓴 에너지 중 일부는 바다가 품고 있는데요. 이 바다에서 에너지가 방출되면서 지구 온도가 올라가기 때문입니다. 『사이언스』와 『네이처』에 실린 논문에 의하면 바다가 품고 있는 에너지가 다 방출되기까지는 30~40년 정도가 걸리는데, 지금 당장 탄소 배출을 멈춰도 그 기간 동안은 서서히 지구 온도가 올라갈 거라고 예측합니다.

이런 상황들을 고려하여 작성한 6차 IPCC 보고서에 따르면 모든 탄소 배출 시나리오에서 지구 온도는 2040년에는 산업혁명 이전에 비해 1.5도 상승할 것이라고 합니다. 이것도 인류가 최선을 다해 노력했을 때 얘기입니다. 만약 손 놓고 있으면 1.5도 상승은 10년 안에도 이뤄질 수 있다고 경고합니다.

3년 전인 2018년 보고서에서는 당장 온실가스 감축에 적극적으로 나설 경우 과거보다 1.5도 상승하는 것은 2052년쯤이라고 전망했었습니다. 그때에 비해 기후 위기 시계가 10년 이상 빨라진 셈이죠. 기후 위기는 이제 정말 발등의 불로 다가와 있습니다. 어쩌면 우리는 몇십 년 안에 '삶의 질'이 아니라 '생존'을 걱정해야 할지도 모를 일입니다.

다시 구상나무 이야기

이제 다시 구상나무에 대해 이야기할 차례입니다. 우리가 환경과 관련하여 구상나무에 주목해야 하는 진짜 이유는 구상나무가 우리나라 기후 변화를 극명하게 보여 주고 있기 때문입니다. 특히 구상나무가 백두대간의 중심적인 식물 개체라는 점에서 시사하는 바가 큽니다.

구상나무는 주로 한라산, 덕유산, 지리산 정상 부근에서 자라는데요. 현재 이곳에서 자라고 있는 구상나무들이 점점 사라지고 있습니다. 고산에 산다는 것은 빙하기 시대 때는 산 아래에도 퍼져 있었다는 의미입니다. 그런데 온도가 올라가면서 아래쪽에서는 살 수 없게 되어 계속 위로, 더 위로 이동한 것이죠. 산 위는 온도가 더 낮기 때문에 살아갈 수 있는데, 기후 변화로 온도가 높아지다 보니 이마저도 점점 사라지고 있는 실정입니다.

그나마 지금 있는 것들도 점점 말라 가고 있습니다. 온도가 높아지는 것도 문제지만, 눈이 오지 않는 것도 문제입니다. 구상나무가 살아가려면 눈이 일정 이상 쌓여 촉촉함을 유지해야 하는데, 기온이 높아지면서 눈이 잘 내리지도 않을뿐더러, 내려도 금세 녹아 버립니다. 수분이 부족한 상황인 것이죠. 이렇게 이중고를 겪으면서 말라 죽어 가고 있습니다. 식물은 도망을 가지 못하니 살아갈 수 있는 면적이 점점 좁아집니다. 이렇게 조금씩 개체수가 줄고, 점점 말라 가다 보면 언젠가 지구상에서 영영 사라져 버릴 수도 있습니다.

결국 기후 위기는 먼 미래의 일이 아닙니다. 우리의 오늘을 위협

고사한 구상나무 군락, 덕유산

하고 있습니다. 인간이 자연을 망치고, 망가진 자연은 다시 인간을 공격합니다. 그렇게 지구는 연결되어 있습니다. 극단적으로 말하자면, 구상나무가 살 수 없는 지구에 인간이 살 수 있을 리 만무합니다.

희망은 있을까?

이런 암울한 상황에서 수많은 과학자들은 간곡히 입을 모읍니다. "너무 늦었다고 생각하지 마라." IPCC 보고서에도 탄소 배출량 감축으로 탄소 중립을 이루면 1.5도 이하로 안정화하는 것도 가능하다는 예측이 나옵니다. 이를 위해서는 전 세계가 탄소 감축을 국가 정책으로 시행해야 하는 것은 물론이고 개개인의 노력도 반드시 뒤따라야 합니다. 우리나라만 해도 코로나로 인해 배달 음식이 2019년에 비해 78퍼센트가 늘어났고(2020년 기준), 그에 따라 탄소 배출이 35퍼센트 증가했다는 통계가 있습니다. 배달 업체가 다회용 배달 용기를 도입하는 것이 우선이겠지만 개인들도 일회용품 사용 줄이기, 제로 웨이스트 운동에 참여하기, 친환경 기업에 힘을 실어주기 등 다양한 활동을 펼쳐야 합니다.

더 위로 올라가면 지자체에서 정책적으로 할 수 있는 일이 많습니다. 최근 대구에서 펼친 사업은 시사하는 바가 큽니다. 대구는 매년 '최고 기온 도시', '폭염 도시'에 꼽혔습니다. 아프리카만큼 덥다고 해서 '대프리카'라는 오명에 휩싸이기도 했지요.

하지만 이제 더 이상 대구를 그렇게 부를 수 없을 것입니다.

1996년부터 대구에서 펼쳐 온 1천만 그루 나무 심기 사업이 이제 드디어 눈에 보이는 효과를 거두고 있기 때문입니다. 지금까지 대구는 2021년 기준 총 4,136만 그루의 나무를 심었습니다. 나무는 수종별로 온실가스 흡수량이 다르지만 30년 된 소나무를 기준으로 보면 한 그루당 평균 연간 6.6킬로그램의 탄소를 흡수하는 역할을 합니다. 이 덕분에 대구는 다른 도시들에 비해 폭염 일수가 줄었고, 열대야 발생 일수 또한 줄어들고 있는 추세입니다. 다른 도시들 평균 열대야 발생 일수가 2000년대 초반에 비해 두 배 이상 증가하고 있는 것과 비교하면 그 성과가 더 놀랍습니다.

물론 그렇다고 해서 대구에 폭염이 전혀 발생하지 않았던 것은 아닙니다. 어찌 보면 무려 15년에 걸친 노력의 효과가 '고작 이 정도밖에 안 돼?' 하는 생각이 들 수도 있습니다. 이 이야기를 다시 말하면 그만큼 인류가 오랜 기간 끊임없이 지구에 위기를 초래했고, 이제 그것을 해결하기 위해서는 그 몇 배의 노력과 시간이 필요하다는 뜻입니다. 나무 4천만 그루가 대구에 일으킨 변화를 생각한다면 지구가 다시 안정화에 접어들기 위해서는 40억, 400억 그루의 나무로도 부족할지 모릅니다. 그만큼 기후 위기 해결은 쉽지 않습니다.

기후 위기를 해결하기 위해서는 거시적인 관점에서 접근해야 합니다. 기울인 정성에 비해 너무도 느린 변화와 그에 따른 불편함을 아주 오랜 시간, 그리고 묵묵히 감내하는 노력이 필요합니다. 나뭇가지를 꺾는 것은 몇 초면 가능하지만 꺾인 나무가 다시 자라는 데는 몇 달 혹은 몇 년이 지나야 하는 것에 비유할 수 있을지도 모르겠습니다. 우리는 지금까지 화석 연료를 삶의 동력으로 소비하며 풍족하고 편리한 생활을 누려 왔습니다. 이제는 그 대가를 치러야 할 시간입니다. 그게 무엇일지 아직 전부 드러나지는 않았습니다. 개인과 사회의 각성과 노력이 조화를 이룬다면 어느 정도 선에서 막아 낼 수도 있겠지만, 그러지 않는다면 인류는 지금으로선 상상도 못할 희생과 피해를 감수해야 합니다. 앞에서 발등의 불이라고 했으나, 이 위협은 지금 턱밑까지 다다랐다고 해도 틀린 말이 아닙니다. 이제는 정말, 시간이 없습니다.

고사한 구상나무 군락, 한라산

5
다시 시드볼트

이런 상황에서 시드볼트의 목적과 역할은 간명합니다.

일단, 무조건, 저장한다.

식물은 우리가 생각하는 것보다 빨리 사라지고, 과학은 우리가 기대하는 것보다 느리게 나아갑니다. 시드볼트가 할 수 있고, 또 해야 하는 것은 건강한 종자를 최대한 확보해 저장하고, 안전하게 보관하는 일뿐입니다. 그 이후는 인류의 지성과 과학의 몫으로 남겨둘 수밖에 없습니다. 지금까지 소개한 시드볼트에서 하는 수많은 일들은 결국 이 분명하고 거대한 목표를 향해 나아가는 여정일 것입니다.

시드볼트에서 가장 중요한 것은 종자 보존이지만, 종자만 보존하는 곳으로 생각하는 것은 잘못입니다. 시드볼트는 데이터도 저장합니다. 설령 어떤 식물이 사라졌다고 해도 데이터만 있으면 그 식물이 어디에 살았는지, 어떤 식물이었는지, 분포는 어땠는지, 어떤 특성을 가졌는지 등을 알 수 있습니다.

역사에 거대한 흐름이 있는 것처럼 식물에도 흐름이라는 것이 있습니다. 지금은 이 흐름을 파악하려면 문헌을 찾거나, 보고서를 뒤져야만 하는데, 시드볼트에 쌓인 데이터가 있으면 100년, 200년, 아니 1,000년이 지나도 어떤 식물이 예전에는 한반도에 있었는데 중국까지 퍼져 갔다거나, 러시아에서만 살았던 식물이 지금은 한반도에서 발견이 된다거나 하는 식의 생태계 변화 과정을 모두 파악할 수 있게 됩니다. 이 정보는 인류에게 커다란 자산입니다.

시드볼트의 계획

2015년 12월 완공 후 어느덧 많은 시간이 흘렀습니다. 시드볼트는 그동안 누구보다 열심히 걸어왔고, 또 그만큼 성과를 보여 줬지만 아직 나가야 할 길도, 해결해야 할 과제도 산적해 있습니다. 지금까지 채운 13만 7천이라는 숫자는 그 모든 노력과 성장의 결과물이지만 아직 채워야 할 186만 3천이라는 숫자는 시드볼트에 주어진 숙제입니다. 비록 지금은 아득해 보이지만 한 발 한 발, 서두르지 않고 조금씩 나아간다면 200만이라는 숫자를 넘어 또 하나의 시드볼트 세계를 열 수 있습니다. 이것은 물리적인 공간이 될 수도 있고,

상징적인 공간이 될 수도 있겠지요.

이를 위해 현재 상황을 냉정하게 보겠습니다. 국내 종자는 많이 수집했지만, 해외 종자는 지금보다 더 많이 들여와야 합니다. 그러기 위해서는 우선 관련 법령 정비가 필요합니다. 현재 우리나라는 약 2,000여 종 정도의 식물에 수입금지 조치가 내려져 있습니다. 이 식물들은 해외에서 기탁 하겠다고 해도 시드볼트에 저장할 수 없습니다. 물론 병해의 유입이 염려되는 식물의 수입을 금지하는 법안이야 충분히 이해할 수 있습니다. 다만 그 법을 시드볼트에도 똑같이 적용할 수 있느냐 하는 점은 한번 생각해봐야 하지 않을까요? 증식하거나 판매하려는 목적이 아닌 만큼 병해가 퍼질 가능성은 제로에 가깝습니다. 그런 만큼 시드볼트가 가진 특수성과 종자 보존이라 거시적인 차원에서 이 법에 대해 다시금 논의할 필요가 있습니다.

다음으로 더 많은 나라들과 긴밀한 네트워크를 구성해야 합니다. 우선 가장 가까운 계획은 네트워크 구축이 완료된 아시아산림협력기구와 더욱 끈끈한 관계를 맺고, 함께 업무 협력을 추진하는 것입니다.

아시아산림협력기구는 대한민국 산림청이 주관하여 설립하고 지원하는 국제기구입니다. 각 국가들이 함께 기후 변화에 대처하고, 지역 산림 관련 업무에서 협력을 강화하기 위한 목적을 가지고 있습니다. 한국, 베트남 등 10개 국가 간 협력 체계로 시작해 지금은 부탄, 동티모르, 몽골, 카자흐스탄 등 새로운 국가들도 참여하고 있습니다. 아시아산림협력기구와 좀 더 밀접한 논의를 거친다면 시드볼트는 아시아 권역의 허브 역할을 하겠다는 목표를 향해 한 발짝 더 나아갈 수 있을 것입니다.

다만 이런 국가들은 여전히 자신들의 종자를 우리가 사용할 수도 있을 거라는 불안감을 갖고 있습니다. 앞서 설명했던 것처럼 여러 나라가 강대국에 종자를 빼앗긴 경험이 있기 때문입니다. 시드볼트는 그들이 가진 종자 반출에 대한 거부감과 불안감을 이해하고 있습니다. 따라서 이런 부정적인 관점을 해소하는 것과 동시에 다른 나라들에 스스로의 가치를 홍보해야 할 필요가 있습니다.

시드볼트의 과제

앞으로 시드볼트가 더 폭넓은 국외 네트워크를 형성하기 위해 반드시 수행해야 하는 과제가 몇 있습니다. 국외 네트워크라는 것은 누군가 혼자 힘으로 쌓을 수 있는 것이 아닙니다. 여러 유관 기관들과 긴밀한 협력이 필요합니다. 지금까지 국립수목원에서 구축해온 네트워크를 활용하는 것은 물론, 필요하다면 환경부, 농림축산식품부를 비롯해 여러 국가 부처와 연계할 수 있어야 합니다.

결국 시드볼트가 지금의 한계를 뛰어넘고, 국제적인 위상을 쌓으려면, 하나의 위치에 얽매이지 말고 더 자유롭게 더 넓은 곳으로 나갈 수 있어야 합니다. 시드볼트는 백두대간수목원 산하이고, 백두대간수목원은 한국수목원정원관리원 산하입니다. 또 한국수목원정원관리원은 산림청 산하이지요. 시드볼트 위로 상급 기관이 세 곳이나 됩니다. 마치 식물의 계통처럼 복잡합니다. 힘을 발휘하기 힘든 위치에 있는 셈이지요.

시드볼트가 가진 전 세계적이고 미래지향적인 목표를 달성하기에는 시드볼트가 '노는 물'이 너무 좁습니다. 게다가 국제 사회 관계를 생각해 볼 때, 국가와 국가가 협약을 맺고 일을 진행하는 경우, 고작 수목원 소속의 한 부서가 나선다고 하면 신뢰를 주기 어렵습니다. 이 제약은 운신의 폭을 좁히고 맙니다.

그런 점에서 시드볼트는 더 많은 나라, 더 많은 유관 기관과 동등하게 일을 처리할 수 있도록 다양한 가능성을 열어 놓고 고민해야 합니다. 이를테면 산림청 지휘 아래에서 움직이는 것이 아니라 독립적인 기구로 거듭나는 것도 한 방법이 될 수 있습니다.

시드볼트는 거대한 목표가 있고, 최첨단 기술로 만들어진 건물이 있고, 우수한 인력이 있습니다. 그리고 긴 시간에 걸쳐 합리적인 시스템을 구축해 왔습니다. 이런 시드볼트가 외부 요건 때문에 발목이 잡힌다면, 그래서 날개를 달지 못한다면 국가적으로도 분명 안타까운 일일 것입니다.

처음부터 유엔의 지원과 지지 아래 국제적인 위상을 등에 업고 시작한 스발바르 시드볼트에 비하면, 우리의 시드볼트는 황무지에서부터 출발했다고 해도 될 정도로 척박한 환경을 견뎌 왔습니다.

거의 최근까지도 시드볼트의 가치는커녕 이런 시설이 있다는 사실조차 모르는 사람들이 대부분이었습니다. 일반 대중은 말할 것도 없고, 식물을 다루는 기관조차 알지 못했습니다. 조금씩 존재가 알려지고 나서는 불신을 받았습니다. 사람들은 혹시 시드볼트에 다른 저의가 있는 것은 아닌지 의심하고 경계했습니다. 시드볼트는 그런 과정을 지나, 겨우 여기까지 왔습니다.

물론 시드볼트 지위에 관한 것은 단편적으로 결정할 수 있는 사안도 아니고, 관련을 맺고 있는 여러 기관에서 면밀하게 검토해야 할 문제일 것입니다. 다만 더 많은 사람이 시드볼트를 알고, 시드볼트가 하려는 일에 공감하고, 시드볼트를 지지하고, 응원한다면 시드볼트는 더 많은 것을 할 수 있을 것입니다.

그렇게 시드볼트가 더 많은 종자를 저장하고, 더 많은 데이터를 구축한다면, 결국 그 이득은 현세대뿐 아니라 다음 세대까지 이어질 것입니다. 여전히 이곳에 있는 사람들은 '최악의 사태'가 벌어지지 않기를 바라면서 '최악의 사태'를 대비합니다.

그리고 남은 이야기

지금까지 만나 본 시드볼트 구성원들은 하나같이 자부심을 가지고 있었습니다. 이 일을 하는 것은 세계에서 우리밖에 없다는 자부심, 지금 하고 있는 일이 미래를 위한 중요한 일이라는 자부심이 바로 그것입니다.

이 자부심은 사람들이 시드볼트를 알기 전에도, 이제 많은 사람들이 시드볼트를 알고 난 후에도 크게 달라지지 않았습니다. 이하얀은 이런저런 방송에 출연하기 전까지만 해도 친구들로부터 "너는

박사까지 해서 풀 뽑고 있냐."라는 이야기를 듣곤 했습니다. "그런 게 아니라는" 항변은 그다지 힘이 없습니다. 이제 상황이 조금 달라 졌는지는 모르겠습니다.

이런 사정이야 어떻든 시드볼트는 오늘도 영하 20도를 변함없이 유지하고, 조사팀은 종자를 채취하기 위해 산을 오르고, 연구실은 새로 들어온 종자의 활력을 검증하고, 운영센터는 종자를 기탁받기 위해 노력합니다. 모두가 자신의 길에서 각자가 맡은 일을 합니다.

시드볼트 초창기에 비해 많은 것들이 좋아진 것은 분명하지만, 이것을 희망이라고 부르기엔 아직 이를지도 모릅니다. 여전히 온갖 이상 기후가 발생하고, 식물이 사라지고, 지구의 신음은 멈추지 않았습니다. 그럼에도 각자의 자리에서, 각자가 할 수 있는 것을, 각자가 할 수 있는 만큼 하고 있는 사람들이 있으니 아직 최악은 아니라고, 우리는 결국 더 나은 선택지를 향해 나아가고 있다고 해도 괜찮지 않을까요?

이 책의 마지막은 시드볼트운영센터의 전 센터장 이상용이 독자들에게 남기는 말로 마무리하겠습니다.

"시드볼트보다 더 중요한 것은 지구 온난화에 대응하는 자세라고 생각합니다. 지구를 위해 할 수 있는 일, 야생식물이 사라지지 않게 우리 모두가 할 수 있는 노력이 분명 있을 것입니다. 이 책을 읽는 독자들께서는 여러분이 할 수 있는 일을 해 주십시오. 시드볼트는 지금까지 그랬듯이 종자를 연구하고 보존하는 우리의 일을 하겠습니다. 우리나라의 식물을 보존하고, 아시아의 식물을 보존하고, 나아가 전 세계의 식물을 보존하겠다는, 그 목표를 향해 최선을 다해 나아가겠습니다.

　작은 소망이 있다면, 많은 사람들이 시드볼트를 자랑스러워해 주시면 좋겠습니다. 우리나라에 야생식물 종자를 영구히 보존할 수 있는 세계 유일의 시설이 있습니다. 그 시설을 만들고, 운영하고, 여기까지 끌고 온 사람들이 있습니다. 이 사실을 부디 잊지 말아 주십시오.”

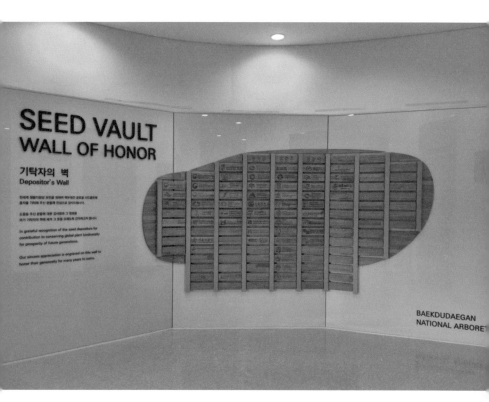

시드볼트
지구의 재앙을 대비하는 공간과 사람들

초판 발행	2022년 3월 20일
개정판 발행	2022년 12월 1일
지음	국립백두대간수목원 시드볼트운영센터
	생물자원조사팀
	야생식물종자연구실
펴낸이	박정우
편집	고흥준
디자인	디자인 이상
펴낸곳	출판사 시월
출판등록	2019년 10월 1일 제 406-2019-000107 호
주소	경기도 고양시 일산동구 문봉길62번길 89-23
전화	070-8628-8765
E-mail	poemoonbook@gmail.com

ⓒ 국립백두대간수목원
ISBN   979-11-91975-09-3(03330)